数字经济时代下的企业转型创新之路

王阿娜　郭　彦　李梓元　著

中国纺织出版社有限公司

图书在版编目 (CIP) 数据

数字经济时代下的企业转型创新之路 / 王阿娜，郭彦，李梓元著 . -- 北京：中国纺织出版社有限公司，2024.2

ISBN 978-7-5229-1453-4

Ⅰ . ①数… Ⅱ . ①王… ②郭… ③李… Ⅲ . ①信息经济—影响—企业创新—研究 Ⅳ . ① F273.1

中国国家版本馆 CIP 数据核字 (2024) 第 044589 号

责任编辑：韩　阳　郭　婷　责任校对：王蕙莹　责任印制：储志伟

中国纺织出版社有限公司出版发行
地址：北京市朝阳区百子湾东里 A407 号楼　邮政编码：100124
销售电话：010-67004422　传真：010-87155801
http://www.c-textilep.com
中国纺织出版社天猫旗舰店
官方微博 http://weibo.com/2119887771
天津千鹤文化传播有限公司印刷　各地新华书店经销
2024 年 2 月第 1 版第 1 次印刷
开本：787 × 1092　1/16　印张：9.75
字数：180 千字　定价：88.00 元

前言 PREFACE

21世纪以来，国内外环境发生了复杂而深刻的变化，一场始于数字化信息科技革命的时代变革正从技术领域拓展到经济、社会、文化、生活等各个领域，成为重塑经济模式、社会治理模式甚至国际竞争格局的重要结构性力量。这一力量引导着世界进入以数字信息技术为主导的经济发展时期，数字经济逐渐成为全球经济发展中必不可少的助推力和新引擎。数字技术革命以前所未有的速度和规模改变了我们的生产、生活方式和社会形态，给社会各主体带来了巨大的发展机遇，同时也带来了挑战。

企业作为社会经济活动的基本单元，在推动经济和社会发展的过程中具有重要的作用，企业数字化转型是数字经济发展中的重要内容。《中华人民共和国国民经济和社会发展第十四个五年规划和2035年远景目标纲要》中有关“加快数字化发展、建设数字中国”的论述中，也对做好企业数字化转型进行了部署。

当前，随着我国数字经济的发展，进行数字化转型实践和探索的企业越来越多，涵盖各行各业、各种性质的企业。但由于很多企业在进行数字化转型时，往往行动快于思考，在没有弄明白转型本质和关键要点的前提下就贸然开展数字化转型工作，结果陷入了“转型泥潭”，不仅转型之路越走越迷茫，而且对数字化转型有了一定程度的质疑。

当然，导致企业数字化转型工作陷入“转型泥潭”的原因有很多，如目标不清、落地迷茫，操作急切、照搬对标，着眼局部、忽略整体，人才匮乏、基础薄弱，原地徘徊等，这些都是当前企业数字化转型中面临的普遍问题。再如，尽管当前大家对数字化转型关注很多，但真正认识和理解企业数字化转型本质的还比较少，有不少企业仍把数字化转型简单地理解成信息化改造等。

为了更好地应对企业数字化转型中普遍存在的问题，避免陷入“转型泥潭”，我们不能不假思考地直接照搬其他企业的做法，而是必须从全面、系统的角度对企业的数字化转型工作进行分析和思考，以转型的目标和企业存在的问题及痛点作为方向引领，在转型工作中采取差异化和创新的举措，持续、动态地推进转型工作。

为了达成上述目的，我们需要一套系统的企业数字化转型方法论对转型工作进行指导，但从目前已有的相关数字化转型书籍来看，并没有合适的原创方法论。多数围绕企业数字化转型的书籍或者是碎片化公开知识的汇总，或者是部分企业转型实践案例的总结，或者是局部性地探讨转型问题（如探讨大数据营销、直播电商渠道、财务办公数字化、采购数字化等），或者直接切入技术层面（如转型的信息系统架构、中台建设等）来探讨转型的话题。最核心的问题在于，这些书籍普遍缺少系统性、创新性的企业数字化转型思想与引领的主线。

作为数字经济与管理创新领域的引领者和开拓者，笔者在多年的企业管理理论与实践研究积累的基础上，对数字经济和企业数字化转型的相关问题进行了深入的创新性研究，提出了一系列原创的转型方法论、理念和工具。基于对若干国企（包括央企）、金融机构、各行业头部企业等的数字化转型培训心得和实战经验总结，以及面向广大中小企业的公开培训，笔者逐渐形成了企业数字化转型的创新理念、系统架构以及实用性较强的转型实操工具与方法。

当前，数字化浪潮已经席卷全球，世界处在信息时代向数字经济时代发展的阶段，逐渐进入了第三次技术革命的深化过程，使更多企业开始注重数字化升级，希望找到全新的发展空间。在未来，数字技术基础上的新经济模式受到了高度关注，数字经济也从经济发展的主要动力源逐渐发展成经济发展的主要形态，而在这一背景下，企业在发展之中也必须满足数字经济时代下的要求，实现创新转型。

在本次研究之中，主要是从数字经济时代下的企业转型创新道路方面进行了分析与研究。在现代社会发展中，数字经济已经成为主流，而在这一背景下，企业只有进行转型创新，才能够满足发展要求，所以就需要找到其转型创新的方向。本文首先讨论了数字经济及其发展趋势，其次探究了数字经济时代下企业转型的系统框架，列举了数字经济时代下企业转型的模式建设，阐述了数字经济时代下企业转型的规划，研究了数字经济时代下企业转型的人才变革，分析了数字经济时代下企业转型的产品创新，最后提供了数字经济时代下企业转型的品牌体验。希望针对有关方面的探讨，能够在数字经济时代下，有效促进企业的转型创新建设，为企业的实际发展提供更大的帮助。

著　者

2023 年 6 月

目录 CONTENTS

第一章 数字经济及其发展趋势

第一节 数字经济

一、数字经济的定义

要想理解“数字经济”，我们需要将其拆开来看。“数字经济”是由“数字”和“经济”二者组成的。“数字”是数字技术的简称，“数字技术”是电子技术专业中的一个物理概念，是区别于“模拟技术”的。“经济”是经济活动的简称，经济活动是“创造价值”的活动。

因此，“数字经济”就是用数字技术支撑起来的更好地创造价值的活动。我们可以这样来简单界定，“数字经济”是用数字技术支撑的创造价值的活动。

当前，数字技术的“支撑”也常被阐述成数字技术的“赋能”，以便使其创造价值的过程更加形象，同时也体现出深刻的意义，进一步突出了数字技术的重要作用。

二、如何理解数字技术

由于数字经济是用数字技术支撑（赋能）的经济活动，因此数字技术是开展数字经济活动的必要前提和基础性保障。

当前，人们在谈到数字技术的时候，往往会想到大数据、人工智能、云计算、物联网、区块链等众所周知的技术，有的人将数字技术归纳为“大（大数据）、人（人工智能）、物（物联网）、云（云计算）”，有的人将其归纳为“ABCD”（A 人工智能、B 区块链、C 云计算、D 大数据）等。

但是，如果只是这样理解数字技术就过于浅显了。因为一个重要的问题是，我们在数字技术支撑（赋能）下开展不同的经济活动时，需要的数字技术显然是不同的。上述技术是否都需要？需要的程度如何？需要的时间如何？比如，什么样的活动应该用区块链技术？什么样的活动应该用云计算？上云是上公有云还是私有云？这一系列的问题都必须弄清楚，否则，不仅很难发挥技术应有的作用，我们开展的活动也很难创造价值。

例如，在某些技术还不够成熟的领域完全用技术替代人工（如当前技术水平支撑下的无人驾驶汽车），不仅得不到应有的赋能效果与效率，还会增加安全风险，并会导致社会资源配置和利用的不均衡。

因此，如果抛开数字技术的物理概念范畴，我们需要明确地理解数字技术到底应该包含哪几类技术，这几类技术的作用是什么。

一般来讲，无论用来支撑（赋能）何种经济活动，“数字技术”主要应该包括三大类技术，即与数据有关的技术、与网络有关的技术、与计算有关的技术（简称为数据技术、网络技术和计算技术）。

“与数据有关的技术（数据技术）”主要负责的是“数据”如何获取的问题；“与网络有关的技术（网络技术）”主要负责的是“数据”如何传输的问题；“与计算有关的技术（计算技术）”主要负责的是“数据”如何分析计算进而驱动决策的问题。

例如，年纪较大的独居老年人会因为身边没有人照料而遇到危险，如摔倒后无法自己起来，得不到及时救治等。我们在构建智慧城市和智慧社区时希望能够通过数字技术的运用解决独居老年人监护的问题。

针对这一问题，很多地方进行了尝试，如上海市尝试通过监测老年人家里的水表和电表的用量，来判断老年人是否出现了健康问题。这样做虽然方便，但是明显不够精准。也有的地方通过在老年人家里安装摄像头、让老年人佩戴可穿戴式终端设备（如腕表、随身心率监测仪）等手段来解决这一问题。

当然，也可以考虑通过在地板上铺设传感器来获取老年人的状态信息。平时老年人用两只脚踩在地板上，传感器能够随时感知受力面积和行走轨迹，老年人一旦跌倒，整个人躺在地上或半躺在地上，受力面积就会发生变化。

可以看出，无论采取什么样的技术手段，针对独居老年人监护问题的技术必须能够实现如下三个基本功能：首先，不论是监测水表电表、安装摄像头还是使用传感器，其目的都是获取老年人的即时状态数据（如是否摔倒了没有起来等），这就属于“数据技术”的范畴；其次，获取了数据之后，必须能够传输出去，否则救助人员就不可能知道，这就需要“网络技术”；最后，我们必须能够基于获取的数据判断下一步应该如何去救助老年人，这就要依靠对数据的分析和计算，即“计算技术”。

另举一个教育方向的应用例子。如果孩子不爱学习，即使家长在家里安装摄像头随时盯着孩子的一举一动，也很难知道他对着电脑是在学习还是在胡思乱想。但如果我们有更深层次的识别技术来解决这个问题，比如电脑上有个摄像头，它可以扫描孩子的面部表情，并能分辨在什么样的面部表情下，他是在认真学习和思考，在什么样的表情下，他是在胡思乱想等。同时，还能记录他一天有多长时间在胡思乱想。进而，把这个信息分析结果传递给家长，就可以让家长了解孩子的学习专注程度。

在上例中：首先，电脑上的摄像头是要获取孩子的即时面部状态数据，这就属于“数据技术”的范畴；其次，获取了数据之后，必须能够传输出去进行处理、存储或者告知家长，这就需要“网络技术”；最后，我们必须能够基于获取的面部表情数据计算和分析出孩子是在认真学习思考还是在胡思乱想，判断下一步应该如何应对，这就属于“计算技术”。

我们常说的“数据获取（传感器等）、数据挖掘、数据清洗、数据加工、数据存储、数据治理等”都属于数据技术的范畴；“互联网、物联网、移动互联网、5G等”都属于网络技术的范畴；“人工智能（AI）、分布式计算、并行计算、去中心化计算、图计算、优化算法等”都属于计算技术的范畴。

由于相关技术繁多复杂，既有硬件技术又有软件技术，因此针对不同的活动使用什么样的技术，需要回归到做活动的根本目的上，即“干什么”和“怎么干”，也就是如何用合适的数字技术赋能活动来实现“正确地做正确的事”，才能更好地创造价值。

第二节　数字经济发展的重要性和紧迫性

当前，从国际、国内环境和形势来看，数字经济的发展具有明显的重要性和紧迫性。2021 年联合国《数字经济报告》指出，从全球范围来看，数字技术的发展影响着所有国家、部门和利益相关方。当今世界，数字化进程缓慢的国家与高度数字化的国家之间的差距越来越大。随着我国经济和社会的不断发展，我国在数字经济领域的发展态势良好。

中国互联网络信息中心（CNNIC）发布的第 49 次《中国互联网络发展状况统计报告》显示，截至 2022 年 12 月，我国网民规模达 10.67 亿，较 2021 年 12 月增长 3549 万，互联网普及率达 75.6%。在信息通信业方面，截至 12 月，我国 5G 基站总数达 231 万个，占移动基站总数的 21.3%，较 2021 年 12 月提高 7%。报告显示短视频成全民化应用。截至 2022 年 12 月，短视频用户规模首次突破 10 亿，用户使用率高达94.8%。截至2021年12月，在网民中，短视频用户使用率达到90.5%，为9.34亿人次。除了短视频，即时通信、网络视频、在线办公、在线医疗、网上外卖和网约车也得到较快增长，用户规模分别达到10.07亿、9.75亿、4.69亿、2.98亿、5.44亿和4.53亿人次。此外，2021年我国网民总体规模持续增长，总量已达10.32亿，较2020年12月增长4296万，互联网普及率增至73%。网民数量的持续增长主要来自两大方面：其一是农村地区互联网普及率持续提高，攀升至57.6%，较2020年12月提升1.7个百分点，规模已达2.84亿；其二是老年群体加速融入网络社会，截至2021年12月，我国60岁及以上老年网民规模达1.19亿，互联网普及率达43.2%。而在上网方式上，使用手机的比例高达99.7%，这也是短视频用户率增加的主要原因；使用台式电脑、笔记本电脑、电视和平板电脑上网的比例分别为35%、33%、28.1%和27.4%。

中国信息通信研究院（简称信通院）在2021年和2022年连续两年发布了《中国数字经济发展白皮书》。其中显示，2012年以来我国数字经济年均增速高达15.9%，显著高于同期GDP平均增速。在宽带中国、5G及工业互联网推动下，2020年我国数字经济增加值规模为39.2万亿元，占GDP比重为38.6%，数字经济增速达GDP增速的3倍以上。2021年，数字经济规模达到45.5万亿元，同比名义增长16.2%。产业数字化成为数字经济发展的主引擎。

通过上述两组报告的统计数据可以看出，近年来我国数字经济发展较为迅速，发展态势也非常良好，预示着未来存在更大的数字经济发展潜力。同时，国家层面也对数字经济的发展规划了蓝图，如在2021年，《“十四五”规划和2035年远景目标纲要》中明确提出，要加快数字化发展、建设数字中国，并明确指出了数字经济发展的几大领域，即数字经济、数字社会、数字政府及数字生态的建设，如图1-1所示。

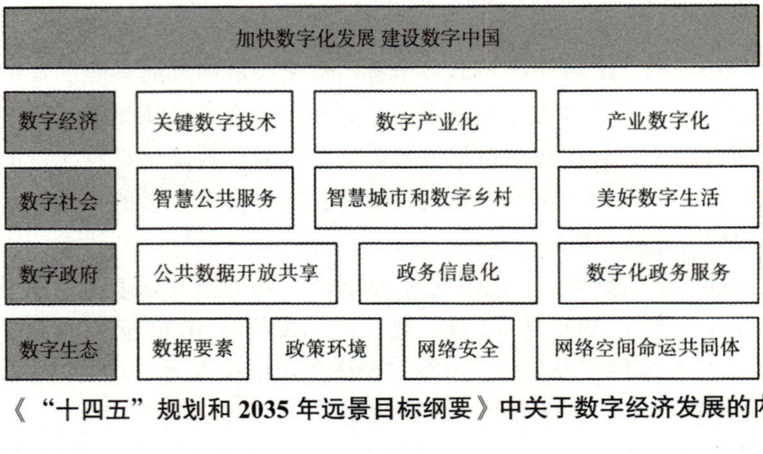

图1-1 《“十四五”规划和2035年远景目标纲要》中关于数字经济发展的内容概要

在 2022 年召开的全国政协“推动数字经济持续健康发展”专题协商会上，委员们认为，我国数字经济发展大国地位稳固，未来发展前景广阔，要推动数字经济和实体经济深度融合，引导中小企业数字化转型，充分挖掘工业互联网发展潜力。会议提出，要支持平台经济、民营经济持续健康发展，研究支持平台经济规范健康发展具体措施；增加政府直接投入，提高全民族数字化素质，支持数字企业在国内外资本市场上市等一系列举措。

总之，随着近些年我国数字经济发展的稳步推进，以及数字经济创新实践和成果的不断总结，数字经济的发展也逐渐由浅及深、点面结合，在稳步推进中把握关键、攻坚克难，实现我国数字经济持续高质量发展的同时，有效助力国家经济和社会的全面发展已经成为一个明显的趋势。

第三节　企业数字化转型

一、企业数字化转型的核心关键

“数字经济”是用数字技术支撑（赋能）的经济活动，经济活动是创造价值的活动。基于上述数字经济的概念界定，“企业数字化转型”就是用数字技术支撑（赋能）企业全方位的经营管理活动，进而更好地创造价值的转型活动。

简单地讲，“企业数字化转型”是用数字技术支撑（赋能）企业创造价值的转型活动。

显然，这其中蕴含着企业数字化转型时必须明确以下三个核心关键点：

（1）必须明确企业数字化转型要创造什么样的价值。

（2）必须明确数字技术如何支撑（赋能）。

（3）必须明确用什么数字技术来支撑（赋能）。

企业在进行数字化转型时，如果弄不明白这三个关键点，必然会陷入“泥潭”，转型之路将越走越迷茫。

二、避免陷入“转型泥潭”

（一）陷入“转型泥潭”的原因

当前，随着我国数字经济的发展，进行企业数字化转型实践和探索的企业也越来越多，涵盖各行各业、各种性质的企业。但正如前文所述，由于很多企业在进行数字化转型时行动快于思考，在没有弄明白上述三个关键问题时就贸然开展了数字化转型的推进工作，结果陷入了“转型泥潭”，不仅转型之路越走越迷茫，而且开始质疑数字化转型。

当然，导致企业数字化转型工作陷入“转型泥潭”的原因不完全在于企业自身，很大程度上也在于给企业提供数字化转型服务的国内外提供商（或机构）并没有搞清楚数字化转型的本质。

一般来说，导致企业数字化转型“陷入泥潭”的原因大致可以分为两类（如图 1-2）：一类是企业自己进行转型时，由于不知道如何转型，也没有合适的转型人才，而将数字化转型工作交由企业信息部门的技术人员推动；另一类是企业将数字化转型工作外包给第三方服务机构（企业），但由于这些机构某种程度上也不理解如何转型，也没有合适的转型人才，往往将其一直从事的业务或成熟的产品（如云服务产品、大数据营销方案及产品、财务和办公系统、数据中台方案等）直接销售给客户企业，并宣称数字化转型完成。但实际上，这样的操作离真正的企业数字化转型还差得很远。❶

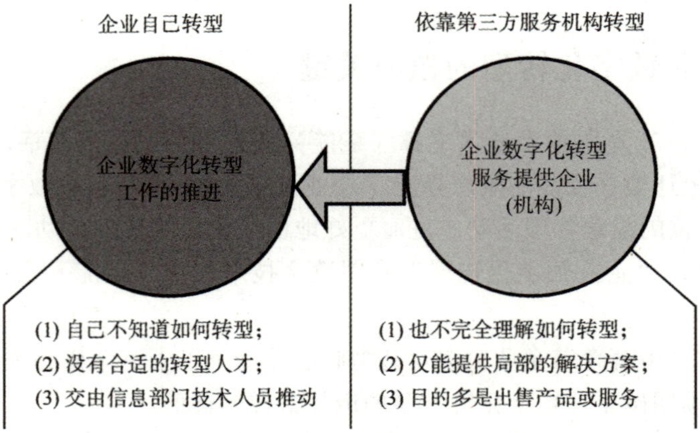

图 1-2　导致企业数字化转型“陷入泥潭”的内、外部原因

不论是企业自身转型还是靠第三方服务机构转型，转型不成功的根本原因都在于企业对数字经济及数字化转型的认识有偏差、不全面，并没有深刻理解和领悟数字化转型的本质到底是什么。

接下来举几个典型的例子，来看看这些操作是不是成功的数字化转型。

第一个例子，很多企业在进行数字化转型时，首先想到的就是用机器替换人，因此引进和购买了很多设备，替换了人工，如餐饮企业的炒菜机器人和传菜机器人、物流企业引进的自动化立体仓库、制造企业引进的自动化生产设备等。这些举措

❶ 姚建明. 企业数字化转型 [M]. 北京：中国人民大学出版社，2022.

对企业而言，是成功的数字化转型吗？

第二个例子，当前，各大银行都在营业网点添置了大量的无人化设备，撤销了很多人工柜台。这一举措对银行网点而言，是成功的数字化转型吗？

第三个例子，某企业通过20世纪末期进行的信息化改造，上了很多信息化系统。当前，随着技术的进步，该企业将这些系统更换为更为“先进”的数字化系统。对该企业而言，这是成功的数字化转型吗？

第四个例子，随着传统互联网行业的发展逐渐进入竞争的深水区，很多互联网企业进入社区团购领域拓展市场。互联网企业进军社区团购，对社区而言是成功的数字化转型吗？

乍一看，上面几个例子中的做法可能都属于企业数字化转型的举措，但能否从这些做法中判断出企业数字化转型是成功的，可能还需要对问题进行综合、全面的分析。

（二）企业数字化转型中面临的典型问题

我们近些年通过对若干行业、若干企业数字化转型实践的总结发现，企业数字化转型中面临的典型问题主要有如下五个方面，如图1-3所示。

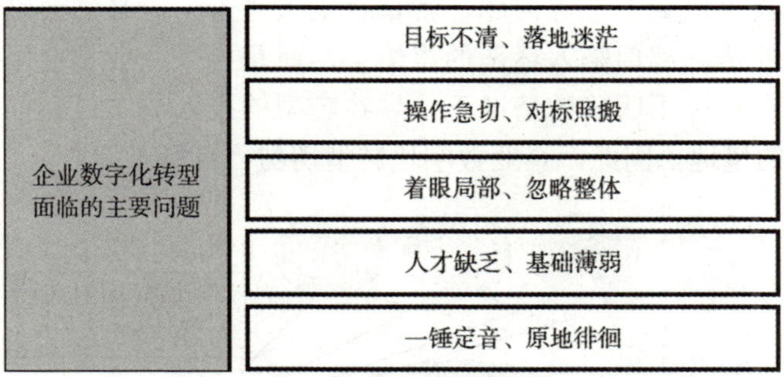

图1-3　企业数字化面临的主要问题

1. 目标不清、落地迷茫

一些企业在做数字化转型时目标不是特别清晰，容易导致数字化转型和落地过程较为迷茫。目标不清晰也就是没有弄清楚进行数字化转型到底要“干什么”。

例如，很多企业把数字化转型工作交由企业的信息部门来推动，导致转型工作多数从改造企业原有的信息系统和信息平台入手，但改造的逻辑却没有什么变化。

但当改造工作推进到企业各个部门时，就会遇到一系列的问题。比如，企业原来的信息系统是否需要替换成新的信息系统？替换成哪一家供应商的系统最为合适？还是自己开发新系统合适？替换时应该投入多少成本？是局部替换还是全部替换？如果不替换，不同系统之间到底如何衔接？系统中什么样的数据应该保留和存储（存储数据是要消耗成本的）？什么样的数据不应该保留？

同时，除了这些“技术”方面的问题，还有很多实实在在的现实问题需要解决。例如，对于各部门的具体问题和诉求到底如何通过新系统来解决？档案管理部门希望数字化转型以后能够解决其档案管理的效率问题；人力资源部门希望通过数字化转型解决其招聘人员时的智能搜索、智能挖掘和智能推荐人才的问题；财务部门希望通过数字化转型解决其财务核算时的人工对账和审核问题；法务部门则希望通过数字化转型得到一个能够智能搜索和解读最新法律条文的系统；而每个事业部（业务线）的决策者则希望通过数字化转型得到未来新业务的拓展点；采购部门希望通过数字化转型得到智能化的采购决策方案；生产部门希望通过数字化转型得到智能化的生产计划方案；库存管理部门希望通过数字化转型得到智能化的库存决策方案；市场营销部门希望通过数字化转型得到智能化的市场推荐和客户精准的营销指引……

企业中不同主体（如部门等）根据自己要解决的问题和诉求，对信息部门着手推动的数字化转型工作抱有极大的期望，但这也导致了问题“难”解决、时常陷入“迷茫”等成为企业信息部门在推动数字化转型时的常见状态，如图 1-4 所示。[1]

企业在进行数字化转型时，如果没有弄清楚到底通过转型要“干什么”“干到什么程度”及“怎么干”等问题，就盲目地去“干”，必然会陷入迷茫。这已经不只是企业的信息部门陷入迷茫的事情了，而是整个企业都会陷入迷茫。有的企业甚至因为在目标不明确的情况下，导致转型的投入成本过高而又没有收益，陷入倒闭破产的境地。因此，企业数字化转型切勿“目标不清”。

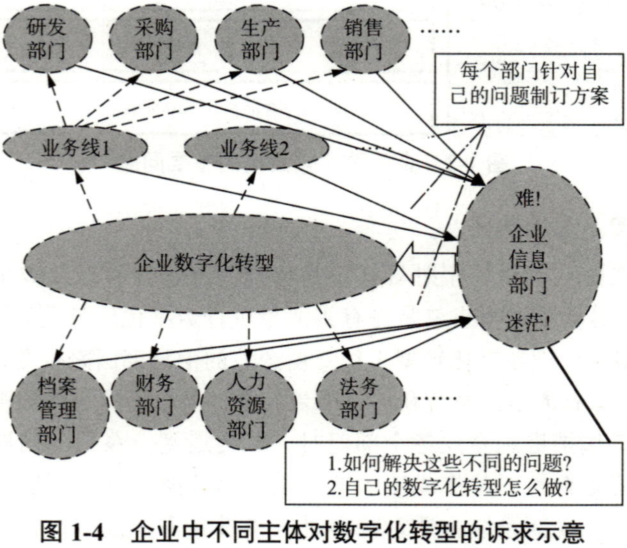

图 1-4　企业中不同主体对数字化转型的诉求示意

[1] 姚建明．企业数字化转型 [M]. 北京：中国人民大学出版社，2022.

2. 操作急切、对标照搬

如前所述，当前很多不同性质、不同规模的企业都在推进数字化转型。当然，推动转型的原因有很多，有外部原因（如企业想率先进入灯塔工厂的行列、完成地方政府的任务等），也有内部原因（如企业想提升管理效率或者拓展业务等）。

在这样的前提下，为了尽快实现“成功的”数字化转型，很多企业想马上找到一个标杆企业进行转型方案的对标和照搬。

但现实是，在数字化转型推进的这些年中，从全球范围来看，还没有一家企业的数字化转型可以被称为完美的标杆。这是因为任何一个企业的数字化转型都应该是围绕自己企业的问题展开的，都应该是随着环境的变化不断探索和前进的，不假思考地照搬其他企业的做法不仅不一定能解决本企业的特殊问题，反而可能导致较高的投入得不到应有的产出。

3. 着眼局部、忽略整体

很多企业由于对数字化转型认识不够全面和系统，在数字化转型时往往盯着企业局部的问题，如营销的数字化、财务会计的数字化、办公的数字化等。当然，这些都是企业在推进数字化转型时应该考虑的问题，而且由于提供这些数字化转型具体服务的供应商比较多，产品比较成熟，因此也是很多企业进行数字化转型时比较容易切入的着手点。但如果我们没有进行企业整体数字化转型的思考，而只着眼于这些局部的问题，可能会陷入忽略企业整体数字化转型的误区。

例如，某些本身就属于数字化行业领域的互联网平台公司，虽然其数字技术的使用程度较高，但多数都是围绕其业务领域展开的，如大数据营销数字化赋能往往做得并不全面。特别是在企业的管理决策领域，如在战略层面的决策上，往往没有用数字化的思维与技术进行支撑和赋能，导致企业遇到很多问题，这方面的例子并不鲜见。归根到底，就在于没有从企业管理的全局视角全面、系统地从相关数据中挖掘出真正的价值来引导决策。

因此，企业做数字化转型不能盲目照搬，而是需要从企业经营管理的整体系统角度出发，进行合理规划与落地。

4. 人才匮乏、基础薄弱

当前，尽管我们在人工智能、大数据、云计算、区块链等技术上取得了较大进展，但相关的资深技术人才，特别是数字化转型需要的复合型人才、技术原创型人才仍然匮乏，需要花长时间、大力气去培养。

企业数字化转型是企业管理与数字技术相结合的产物，仅懂数据、编程、系统、硬件、通信等技术的人员是无法完成数字化转型工作的。复合型人才需要围绕企业的问题、目标和痛点，为企业数字化转型提供整体规划和解决方案，还要有能力引导各类专业和技术人员处理好具体的业务和技术的衔接，这种人才目前还比较缺乏，需要下大力气培养。

在数字化相关技术方面，原始创新技术、核心技术基础较为薄弱。特别是在数字技术中的数据技术和计算技术方面表现得较为突出。众所周知的“芯片”等尖端短板技术暂不用说，就连在目前的技术水平下通过一定时间的投入和研发就能开发出来的应用技术也较为缺乏。

以企业的档案管理为例。当前市面上成熟的档案管理系统能够解决的只是档案资料的相关数据传入系统之后如何分析、处理和存储的问题，但企业的档案管理人员真正的痛点和诉求点往往在于如何将纸质档案与数字化系统对接的问题。显然，这一问题需要通过识别技术、物联网技术及开发新的硬件技术产品来解决。

在未来广阔的产业互联网领域（包括工业互联网、农业互联网、服务业互联网等），真正的难题在于有效数据的获取，只有做好“万物互联”，才能真正实现“智能”或“智慧”，也才能真正实现全方位的企业数字化转型。

因此，要把企业的数字化转型真正做好，基本前提是实现“万物互联”，当然，这里的“物”是企业中所有资源的代称，也包括“人”在内。我们必须不断地进行硬件、软件、算法等技术的创新。

5. 一锤定音、原地徘徊

当前，很多企业都希望自己的数字化转型一次成功，但数字化转型并不是一次就能完成的。不论是数字产业化领域中的企业还是产业数字化领域涉及的企业，给某家企业贴上“数字化转型成功企业”的标签是很难的。

企业做什么样的数字化转型才能算作成功？实际上，成功永远在路上，因为企业关于数字化转型的问题会不断涌现，企业的数字化转型也要不断推进，不断地解决企业面临的新问题。数字化转型是一个动态过程，不可能一锤定音。

比如，某企业搭建了智慧大脑或者数据中台，某产业园区运营商围绕互联网公司进行了招商引资，某银行营业网点进行了无人化设备的改造，某制造企业流水线进行了机器换人等，这些做法算不算成功实现了数字化转型？都需要进一步解决问题。

数字化转型是一个不断迭代的动态过程，而不是一个静态的结果。可以说，企业的发展历程本身就是企业中文化、战略、组织、人力、运营、财务、流程、制度等各个层面、各个方面根据实际情况不断进行调整和变化的动态过程，数字化转型也不例外。

比如，即便当前企业上了一套世界上最“先进”的数字化系统，过两年可能又落后了，还需要再上新的系统，仍然要面临更新迭代。而且，即便这个系统是当前世界上最“先进”的，也不见得其所配置的硬件和软件就能解决企业所要解决的所有问题，还需要不断地去开发，适合企业的才称得上是先进的。

第四节　企业数字化转型的核心逻辑

一、企业数字化转型的核心逻辑

要想做好企业数字化转型工作，避免陷入转型的“泥潭”，绝不能忽视这些普遍存在的问题。为了更好地应对企业数字化转型中普遍存在的问题，我们必须从全面、系统的角度分析和思考，以转型的目标及企业存在的问题和痛点作为方向引领，在转型中实施差异化和创新的举措，持续、动态地推动转型工作。企业数字化转型的核心原则如图 1-5 所示。[1]

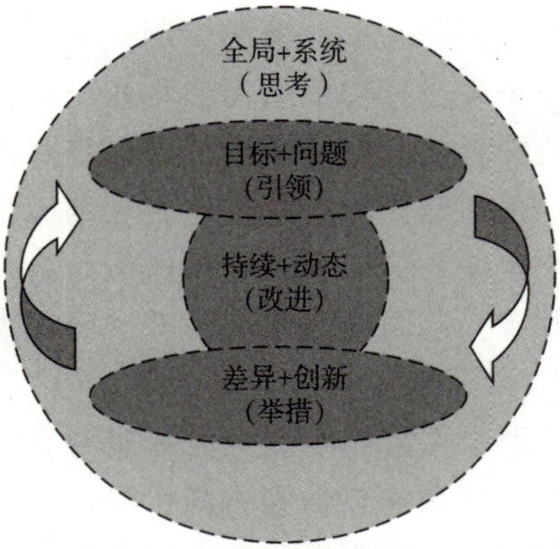

图 1-5　企业数字化转型的核心原则示意

企业能否基业长青，核心在于其看待问题是否全面。如果看问题只停留在局部，一定会面临很多挑战。此外，企业一定要动态地看待和处理管理问题，不能停止在某一个时点上，而要跟上时代步伐不断地调整，才能长远发展。

当前，数字化转型的重要性与紧迫性要求企业探索和实践自己的数字化转型之路，但由于不同企业需要考虑的问题和目标不同，因此数字化转型不能用统一的标准去衡量。比如，有的企业要解决人的问题，有的企业要解决钱的问题，有的企业要解决生产效率的问题，有的企业要拓展业务，有的企业要做平台，有的企业做数字化是为了博眼球、赚噱头，有的企业是要树标杆等。问题和目标不同，决定了数字化转型的做法和需要运用的数字技术不同。比如，有的企业的数据需

[1] 姚建明．企业数字化转型 [M]. 北京：中国人民大学出版社，2022.

要上公有云，有的企业的数据需要上私有云；有的企业需要用AI技术对数据进行分析和计算，有的企业只需要存储一些数据；有的企业需要用区块链技术实现数据的安全保障，有的企业则需要用区块链技术进行物资仓单的全流程跟踪。

二、企业数字化转型的依据

企业数字化转型要根据企业的不同经营管理特点、面临的不同经营环境、要解决的不同问题和痛点以及未来要达成的不同目标等来综合决定如何进行数字化转型。

例如，在新冠疫情期间，一些企业引入了AI智能算法对居家办公员工进行监控，效果却并不理想，就是因为企业管理目标模糊。如果一种技术手段的引入不仅不能帮助提升企业的经济效益和社会效益，反而会影响员工的工作效率，那么它显然没有存在的必要。

再如，一家服装定制型生产企业由于引进了数字化系统，用户可以在手机App上自行选择服装款式、尺寸、颜色等并下单。用户下单以后，手机终端能及时地把订单信息传递到从原材料采购到服装制版、剪裁、缝制、包装、发货等价值链的各个环节。这些传统生产过程中的环节将在个性化定制数据的驱动下联动起来，不仅有助于提升消费者的购物体验价值，而且有助于企业对生产组织流程进行梳理和优化。然而，并不是说所有的服装企业都应该进行这样的数字化转型和改造，也不能通过一个企业的例子就说这种做法是合理的。这里描述的过程更多的是涉及企业运作（业务）层面的数字化转型，而并没有从战略的高度探讨其适用性、合理性和可行性。

因此，除了必须从全面、系统的角度分析和思考企业数字化转型外，还要以转型的目标及企业存在的问题和痛点作为方向引领，在转型工作中有针对性地实现企业的差异化，并在企业的管理逻辑和数字技术两个方面不断提出企业数字化转型的创新举措。

总之，我们可以将企业做好数字化转型的核心原则概括为如下四点：

（1）全局 + 系统（思考原则）；

（2）目标 + 问题（引领原则）；

（3）差异 + 创新（举措原则）；

（4）持续 + 动态（改进原则）。

近年来，为了更好地助力我国企业从全方位、系统性、立体化的角度做好数字化转型，我们相继提出了“三维驱动五位赋能（3D5E）”的企业数字化转型参考模型、企业数字化转型的全域驱动力理论［其中包括企业数字化转型的全域成熟度评价（EDGME）体系和企业数字化转型的全域驱动力（EDGD）模型］，用来全面、系统地指导企业的数字化转型实践。

第二章　数字经济时代下企业转型的系统框架

第一节　全面把握企业数字化转型

一、企业数字化转型的本质

由于数字经济的本质是“创造价值”，因此企业数字化转型的本质是如何创造“价值”。

我们在评判与衡量企业数字化转型的方向和途径是否正确时，关键是看其能否从“创造价值”这一本质出发。由于不同企业的文化视野和格局不同，所处的内、外部环境不同，目标不同，决定了其对“价值”的认识也不同。

企业对“价值”的不同认识，必将体现在企业的一系列经营管理活动上。我们要想知道企业的经营管理活动能否通过数字化转型更好地创造价值，首先需要全面了解企业的经营管理活动，以及各活动之间的关系。

二、企业经营管理活动的划分

企业的经营管理活动大致可以分为三个方面，即企业的业务活动、管理活动及社会活动。从层次来讲，企业的经营管理活动主要包括三个层面的活动，即战略层活动、组织层（资源层）活动和运作层活动。运作层活动与企业的业务活动是统一的。因此，如果从全面的角度来看，企业价值的创造不应仅仅体现在供需双方所关心的“经济效益”价值的创造上，还应该体现在“社会效益”价值的创造上。

作为社会的基本经济单元，任何企业创造的价值都可以归结到三个领域和途径上，即通过企业的业务活动创造的价值（如产品 / 服务的供给、新技术的研发、新产品的开发、利润的创造、税收的贡献等）、通过企业的管理活动创造的价值（如解决就业问题、员工得到的满足感和成就感、资源的合理利用与节约、节能减排目标的实现等）以及通过企业的社会活动创造的价值（如捐赠、助学、参与救援、紧急资源的提供等）。显然，这三类活动创造的价值既有可能体现在经济效益的价值上，也有可能体现在社会效益的价值上。

三、企业数字化转型的“直接目的”

（一）企业数字化转型的关键

从企业管理全局的角度来看，对任何企业而言，上述战略层、组织层、运作层三个层面中任何一个层面的管理活动没做好，都有可能使企业陷入困境甚至倒闭。

例如，因为对技术变革把握不准而陷入困境的柯达、摩托罗拉，因为公司治理没有做好而陷入困境的国美，因为产品质量没有把控好而陷入困境的三鹿。还有的企业单纯依靠网红、明星等眼球经济奠定自己的经营模式，但在基础研发和创新上投入不足，最终导致企业出现问题，这样的例子也不胜枚举。

例如，2017 年，在创业圈最火的词应该就是“共享经济”。据统计，2016 年中国的共享经济市场规模接近 4 万亿元，项目从单车、充电宝、手机，到睡眠舱、汽车、雨伞、服装、马扎等，可谓五花八门、层出不穷。在历经一年多爆发式增长后，“共享们”猛然刹车，沦为死亡重灾区，共有 19 家投身共享经济的企业宣告倒闭或终止服务，其中包括 7 家共享单车企业、2 家共享汽车企业、7 家共享充电宝企业、1 家共享租衣企业、1 家共享雨伞企业和 1 家共享睡眠舱企业。“共享经济”之潮衰退的原因既有战略层面的环境影响、方向和模式不清晰，又有组织层面的资源协调难和运作层面调配效率低等问题。

因此，要想企业保持良好发展，实现“基业长青”，关键是要把企业各个层面、各个方面的经营管理活动做好。也就是说，需要把企业的管理活动、业务活动和社会活动都做好，进而更好地创造价值。

我们再来思考企业为什么要做数字化转型。通过上述分析可以看出，对任何企业而言，数字化转型的直接目的可以简单地归纳为如下两个方面：一是通过数字化转型赋能和提升企业的管理水平（包括对社会活动的管理）；二是通过数字化转型赋能和提升企业的业务水平。

这两方面的水平提升后才能将企业在战略层、组织层及运作层的各种管理活动、业务活动和社会活动做好，进而在经济效益和社会效益方面更好地创造价值，同时也避免陷入企业数字化转型泥潭。

这不仅是任何一位企业管理人员梦寐以求的事情，也是企业做数字化转型的

“直接目的”。然而，怎样才能把企业各个层面、各个方面的经营管理活动做好？其中的难点又是什么？我们必须有一个非常清晰的思路，否则企业的数字化转型是没有办法落地和推进的。

这时，我们只有搞清楚如何全面理解企业的经营管理活动、企业经营管理活动的系统框架是什么，才能搭建出企业数字化转型的系统框架。

（二）企业数字化转型的管理

要想全面理解企业的经营管理活动，需要从一般意义上的“管理”说起，同时需要深刻理解如何才能做好“管理”。

1. 如何做好“管理”

我们知道，管理并不只是用在企业的经营管理过程中，管理也不只是用来管人和组织的。比如，工具需要管理，图书需要管理，仓库需要管理，现金需要管理等。未来，随着社会经济和技术的发展，很多无人化和智能化设备、机器人会替代人工，这些都需要管理。

实际上，管理的适用场合是社会上的任何活动，而活动是由各种资源支撑起来的。因此，管理的对象是资源。本质上，只要资源一动，便会产生活动。资源一般包括有形资源和无形资源，如人、财、物等属于有形资源，语言、知识、技术、品牌、声誉、数据等则属于无形资源。

我们之所以需要对活动进行管理，是因为活动的开展是需要耗费资源的。因此，我们总是希望每个活动都能够开展得非常好，与我们的预期一致或者超出预期。活动开展得好与不好，有两个基本的衡量指标，即“效果”和“效率”。一个开展得好的活动，是既有效果又有效率的。

要想让活动有效果，我们必须做“正确的事”（“事”就是活动）；要想让活动有效率，我们必须“正确地做”。因此，只有“正确地做正确的事”，才能使活动不仅有效果，而且有效率。可以说，效果与效率的关系是管理中首先要探讨的一个基本问题。我们做管理的目的就是“正确地做正确的事”。

企业的数字化转型也必须有“效果”和“效率”，也必须“正确地做正确的事”，否则必然会陷入迷茫。

既然“管理的目的”是“正确地做正确的事”，我们接下来需要明确的是如何做好“管理”。为了阐明这一问题，这里以某公司举办的一次员工团建晚宴的活动为例进行阐述。

某公司准备在年终周六晚上举办员工团建晚宴。基于以往的经验，要想让晚宴举办成功，公司首先拟订了举办晚宴的计划。计划的目标就是要通过晚宴让所有员工借此机会交流畅想、放飞自我，感受公司的文化氛围。同时，在计划中拟定了晚宴的时间、地点及活动的具体流程等内容。

计划做完之后，需要为活动准备必要的人、财、物等各种资源，如通知员工、邀请嘉宾、租赁活动场地、准备活动所需的各种物品、安排活动的主持人等。在准备人、财、物等各种资源的同时，公司还考虑了各种资源之间的匹配关系。例如，计划邀请 40 多人参加晚宴，因此没有必要预定太大的场地，能够摆 5 桌，每桌容纳 10 个人左右即可，准备的物品也不宜过多，否则会造成不必要的浪费。

随着准备工作的推进，到了周六晚上 7 点，晚宴需要的场地、物资等全部准备完毕，参与人员也都到齐了。这时，需要一位晚宴活动的主持人全程引导和带领大家开展活动。

在晚宴的推进过程中，考虑到可能有意外情况发生（如员工饮酒过量等），还需要采取必要的控制手段，如提前约定每桌摆放酒品的种类和数量，提前约定好活动结束的时间等。

通过上例可以看出，我们在管理任何活动时都需要考虑如下四个基本方面。

第一，在开展任何活动之前，首先需要制订计划。制订计划时要做好两件事：一是明确未来要“干什么”，即明确活动的目标；二是明确未来要“怎么干”，即通过什么途径实现目标。概括起来就是我们常说的“干什么”和“怎么干”。

第二，制订好计划之后，接下来就要考虑如何实施计划。任何活动都是由资源支撑起来的，因此实施计划的第一步必然是获取各种各样的资源。同时，还需要理顺各种资源之间的关系，否则资源的配置和利用就会缺乏协调，有可能导致其利用效率降低和效果不理想。在获取资源的同时理顺它们之间的关系就是“组织”的过程。

第三，获取了开展活动所需的各种资源之后，需要考虑的问题就是如何让这些资源动起来，进而形成活动，而且要让资源动得合理、高效。这时就需要引入“领导”职能。“领导”的本质是带领各种资源“动”起来，但在带领之前，必须协调好资源之间的关系，这样带领过程才更有效。否则，关系不协调的资源有可能并不会跟随带领的指令去行动，从而造成活动效率降低和效果不理想。

第四，有了计划、组织、领导等职能，并不能保证活动开展得非常顺利，因为在领导过程的驱动下，资源运动起来形成了活动，但并不能保证所有的资源“不乱动”。这时，就需要在资源的运动过程中加上“控制”职能。做好控制工作一般需要做好三件事：首先，拟定控制的标准，即必须明确在活动中，各个资源如何“动”是合理的；其次，找出与拟定的标准有偏差的资源，同时分析偏差了多少；最后，纠正偏差，使资源“动”得合理、合规，进而提高活动的效果和效率。

上述针对任何活动的计划、组织、领导和控制四个基本操作，就是做好管理的基本内容，被称为管理的“四大职能”。需要强调的是，因为任何活动都是由资源支撑起来的，因此四个基本职能的作用点最终都会落到资源上。管理的核心在于通过对资源的合理配置与利用来开展活动，从而让活动既有效果又有效率，实现“正确地做正确的事”。

在上述四个职能中，“正确的事”是由计划确定的，这是因为对于任何组织和个人而言，与目标一致的事情就是正确的事，而目标是由计划制定出来的；“正确地做”则需要通过组织、领导、控制来实现。

2. 理解“企业战略管理”

探讨完“管理”的基本逻辑之后，我们再回到企业来看一下。

企业是社会的经济单元，企业的经营管理活动也需要实现“正确地做正确的事”。“正确的事”是由“计划”实现的，对于企业而言，企业的“计划”是由“战略管理”负责制订的。企业战略本质上探讨的就是企业未来“干什么”和“怎么干”的问题。因此，战略的本质就是计划。

企业战略管理解决了让企业做“正确的事（效果）”的问题，但企业“正确地做（效率）”又将如何实现呢？

关键是企业的“战略定位”。企业是经济组织，对于任何性质和行业属性的企业而言，业务永远是其核心。企业的业务活动是围绕企业的产品展开的。当然，“产品”包括生产型产品和服务型产品。

无论企业的商业模式多么复杂，其本质都是靠提供产品进行交易的行为（租赁也是出售的一种形式）。因此，企业的战略定位最终可以体现在其产品和市场的定位上。

企业的战略定位决定了未来要提供什么产品给什么市场。未来的产品类型只有两种，一种是现有产品，另一种是新产品；市场也有两类，一类是现有市场，另一类是新市场。

这时，企业的“正确的事”必然会体现在未来要“提供什么产品给什么市场”的问题上，而“正确地做”则将体现在如何把这个产品提供出来，并在市场上销售的问题上。

这一目标如何达成呢？显然，按照前述四大职能的关系，企业必然需要通过对内、外部各种资源进行组织、领导和控制才能达成这一目的。由此，我们引出了企业的“供应链管理”并对其进行阐述。

3. 理解企业的“供应链管理”

众所周知，任何企业提供任何产品给对应的市场，都不可能独立完成（不论该企业的实力有多强、规模有多大），必然要由包括上、下游及横向合作的若干行业内、外部企业共同完成，这就构成了企业的供应链网络。

供应链的思想产生于20世纪末期，尽管国内外关于供应链的认识有很多版本，但都指出供应链是一个“网络”。企业及其上、下游以及横向合作的其他企业（或经营单位或其他组织）形成的网络系统就是供应链。

企业对内、外部资源进行组织、领导和控制的过程也就是对企业的内、外部供应链网络进行搭建、管控和运作的过程。从这个角度讲，没有供应链网络，企业就不可能将产品提供到对应的市场上，也就无法实现“正确地做”。

企业战略管理和供应链管理在实现企业“正确地做正确的事”的过程中各占一半，缺一不可。战略管理负责的是让企业做“正确的事”，供应链管理负责的是让企业“正确地做”。

理解了供应链之后，我们需要知道如何才能做好供应链管理，进而实现“正确地做”。

是“什么对象”在供应链网络中流动，最终实现了产品的产出和在市场上的交易？很明显，在供应链网络（包括企业内、外部的两个供应链网络）中流动的是我们常说的“四大流”，即物资流、资金流、信息流和商流。其中，对于以人员为主要业务资源的企业（如提供劳务服务的公司）而言，人员流也可以纳入物资流之中。

“四大流”中的流动对象主要包括物资、人员、资金和信息（包括数据）等。在四大流中，商流是商品所有权转移形成的流。比如，某消费者在网上购物，在线支付以后，供需双方交易的合约就已经形成了。此时，其所购买商品的所有权（商流）已经转到消费者处，但所购买的商品并没有马上到达消费者手中，还在物资流通道中运送。可以看出，商流往往伴随资金流和信息流而流动。

在企业的供应链网络中，这四大流往往不是一直结合在一起的，什么时候应该结合在一起，什么时候又应该分开是需要认真研究的问题。上述“四大流”现在也被统称为“物流”。因此，当前对物流的理解已经远远不是以前人们所认识的仅局限于物资流单一对象，而是包括四大流在内的综合体系。而物流管理也由对物资的单一管理活动转变为对四大流的综合管理活动。

4. 供应链管理的系统架构

上面解释了供应链管理在实现企业“正确地做”方面的重要作用，也指出了供应链网络中运行的四大流。然而，还有一个重要的问题，即如何理解企业供应链管理的系统架构。

很多关于供应链管理的书籍的章节安排是围绕供应链管理的局部内容展开的，如供应链的构建与优化、生产计划、库存控制、采购管理、客户订单处理、供应商管理等。这种缺乏系统性的碎片化编排方式很容易造成供应链管理系统性和整体性的缺失，也容易让读者对供应链管理、物流管理及运营管理等内容的区别分辨不清。

更为严重的是，在碎片化的局部知识指导下，我们进行企业实践时往往无从下手。举例来说，当我们要给某个企业做供应链管理的数字化转型时，是先从库存管理的数字化入手、从采购管理的数字化入手，还是先从订单处理的数字化入手？是先做数字化的供应链设计还是先做供应商的数字化管理？

因此，不论在传统环境下还是在数字经济环境下，要想做好企业的供应链管理，必须有一个系统的整体架构来梳理供应链管理中的相关内容。

为了解决这一问题，更好地指导企业的供应链管理实践，助力企业数字化转型工作的推进，在《战略供应链管理》一书中首次提出了供应链管理的系统架构，即“建网、管网、用网”，[1] 如图 2-1 所示。

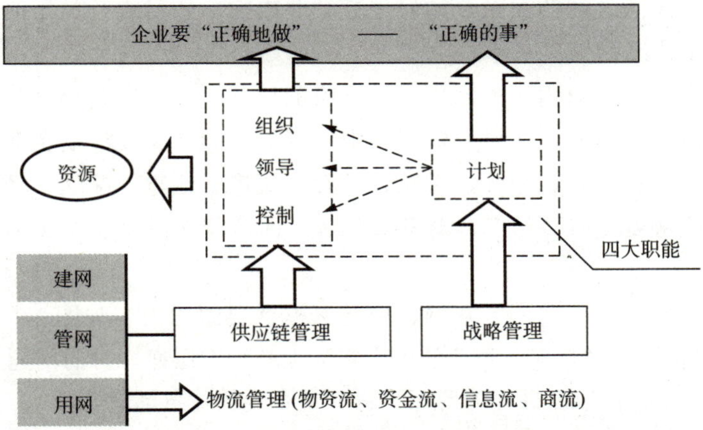

图 2-1 供应链管理、物流管理、战略管理关系示意

这是因为，简单来看，供应链就是一张“网”，是从产品或服务的起点到消费终点之间由各节点企业所组成的网络系统。物流则是在供应链这张网中运行的四大流——物资流、资金流、信息流及商流。二者在管理内容上有明显的区别。

因此，企业供应链管理主要考虑的是如何管理好“网”的问题。首先，要考虑这张“网”如何设计与构建，“网”建好后，还要考虑如何把这张“网”管理和控制好。只有这两个步骤做好了，才可以考虑如何用好这张“网”，即四大流如何在“网”中流动，进而实现企业的战略定位，这就是物流管理探讨的范畴。

“建网”是企业对内、外部供应链网络的设计与构建。例如，如何有针对性地为企业设计、构建适宜的供应链网络以及如何对现有的供应链网络进行诊断和改进等。比如，从企业外部来讲，针对某业务本来应该选择成本低、质量适中的供应商，结果现实操作中却选择了成本较高、质量好的供应商；再如，企业针对某产品本来应该选择与线上经销商合作，结果却投资建了实体店；从企业内部

[1] 姚建明．战略供应链管理 [M]. 北京：中国人民大学出版社，2014.

来讲，本来应该构建等级架构的组织，结果搭建了阿米巴组织架构，导致企业经营业绩下滑；本来应该招聘博士生到企业的战略部门工作，结果却因为“关系”原因招聘了一名本科生。这些都说明企业在构建供应链网络时存在问题，需要诊断并加以改进。

“管网”是企业对内、外部供应链网络的管理与控制。例如，从企业外部来讲，如何协调和处理好供应链成员之间的关系，如何做好供应链的资源整合，如何协调成员之间的不确定性，如何控制协作成员的行为，如何对协作成员进行绩效考核，如何对成员进行激励等；从企业内部来讲，如何做好公司治理，如何协调和处理部门、岗位、团队之间的关系，如何进行企业内控，如何进行员工的绩效考核与激励，如何设计流程与制度等。

“用网”是企业对内、外部供应链网络的运作，探讨的是物资流、信息流、资金流和商流如何更好地在供应链网络中运行的问题，主要涉及企业日常的生产经营管理活动，如研发、设计、采购、库存、生产、运输、配送、销售、售后、信息处理、投融资、财务结算、财务管理等，而这些实际上属于物流管理探讨的内容。

如果我们将上述“建网、管网、用网”三个层面的内容与图 2-1 中的内容进行对比就会发现，“建网和管网”的内容实际上是组织层面探讨的问题，而“用网”的内容实际上是运作层面探讨的问题，也就是企业的业务活动。

因此，企业将“建网、管网、用网”三个层面中的各项活动做好，实际上相当于把组织层面和运作层面的经营管理活动做好了，也就相当于把“组织、领导和控制”工作做好了。要达成这一目的，显然需要把除了战略管理之外的其他管理都做好。

5. 理解企业的运营

如果从运营的角度来看，我们也可以得出这样的结论：企业能否做“正确的事”要靠战略；而企业能否“正确地做”则要靠运营。这是因为，运营是把输入转换为输出的过程。运营的实现需要两个基本要素：一个是运营系统，即将输入转换为输出的主体；另一个是运营过程，即输入在运营系统中转换为输出的过程。

企业的运营管理是对企业的运营系统和运营过程的管理。从大的范畴来看，运营系统既包括企业外部的运营系统又包括企业内部的运营系统，运营过程也是一样。对企业而言，运营系统就是企业的供应链网络，而运营过程描述的就是物流（包括四大流）如何在供应链网络中流动的过程，因此我们可以得出如下两个重要的对照关系。

第一个关系：企业的内部和外部运营系统等同于企业内部和外部的供应链网

络，又等同于企业内部和外部的组织架构。

第二个关系：企业内部和外部的运营过程，等同于企业内部和外部的物流（包括物资流、资金流、信息流和商流），也等同于企业内部和外部的流程。

企业的运营管理包括对运营系统的管理（等同于供应链管理）和对运营过程的管理（等同于物流管理）。

对运营系统的管理，首先是运营系统如何设计、构建的问题（相当于供应链管理中的“建网”），对企业而言就是应该建立什么样的内外部运营系统（内外部供应链网络 / 组织架构）。其次是运营系统如何管控的问题（相当于供应链管理中的“管网”），对企业而言就是运营系统（内外部供应链网络 / 组织架构）建好后，如何对其进行管理（如关系协调、绩效考评、激励与奖惩）和控制等一系列问题。

对运营过程的管理主要考虑的是物资流、资金流、信息流及商流等在运营系统（内外部供应链网络 / 组织架构）中如何流动（相当于供应链管理中的“用网”，也相当于“物流管理”）。生产企业对其运营过程的管理必然涉及物资流中的采购、加工、装配、库存、发货等活动的管理，也要涉及资金流中的贷款、支付、收款、投融资、财会等活动的管理，还要涉及信息流中的信息（数据）获取、传输、储存、处理、计算等一系列信息管理方面的活动。服务企业“四大流”中的活动与生产企业有一定的差异，但整体逻辑不变。

理解了上述有关企业如何“正确地做正确的事”这一企业管理整体逻辑框架后，我们再来探讨企业数字化转型的系统框架。

第二节　企业数字化转型的系统框架

一、企业数字化转型中的决策逻辑

众所周知，企业经营管理活动能否创造“价值”，关键在于能否将企业经营管理活动有关的“决策”做好。“决策”就是在若干个方案中选出合适的方案。比如，在企业人力资源管理的人员招聘过程中，有 A、B、C 三个应聘者，最终选择哪一个就是决策的过程。

企业不同层面的不同管理活动中，需要进行的管理决策是不同的。例如，战略层面的战略管理想要做好，需要进行战略方案的决策，如公司层战略决策是选择发展战略、稳定战略还是紧缩战略？某个具体业务的竞争战略是选择低成本竞争还是差异化竞争？企业文化要想做好，需要进行文化的决策，是培养员工的狼性文化还是江湖文化？组织层面的企业组织架构要想做好，需要进行组织架构方案的决策，如是选择搭建传统的科层制组织还是搭建阿米巴组织？运作层面的库存管理要想做好，需要进行库存方案的决策，如各种物资的安全库存水平应该设为多少？是高一点好，还是低一点好？企业现金的储备应该是多少？

可以看出，企业任何一个层面中任何一个方面经营管理活动的好坏最终都体现在“管理决策”的好坏上。

如前所述，企业做好管理的直接目的是实现“正确地做正确的事”，因此企业做好各个层面、各个方面经营管理“决策”的目的也是“正确地做正确的事”。

“企业数字化转型”的内涵就是通过数字技术赋能，做好企业各个层面、各个方面经营管理活动的“决策”，进而实现“正确地做正确的事”。

讲得通俗一点，就是希望把以前用“拍脑袋”做决策的过程，改为由“靠数据”做决策，进而使企业的任何一个“管理决策”过程都更加精准、合理、高效和可行。

因此，在企业数字化转型中，我们常说的“数据驱动”实际上是用“数据”来驱动企业经营管理活动的“决策”。

但实现“数据驱动”，只靠“数据技术”是不够的，还必须依靠用于数据传输的“网络技术”以及用于对数据进行分析和决策的“计算技术”（也就是我们前面概括的数字技术）共同进行支撑。

显然，做好企业的数字化转型需要围绕企业经营管理各个层面、各个方面的“决策”活动进行系统考量和体系重构。概括地讲，这些管理决策活动将集中体现在企业战略管理的决策以及供应链管理中建网、管网和用网（物流管理）等的一系列决策过程中。

因此，在数字经济环境（由数字技术赋能的环境）下，如何全面、系统地做好这些“决策”是决定企业数字化转型方向是否正确以及转型能否带来效果和效率的关键。

二、战略决策的前提——文化决策

然而，这里还有一个重要的问题需要探讨，否则企业的数字化转型工作将是不全面的。

企业要“正确地做正确的事”，需要把“战略管理”和“供应链管理”做好。做好“战略管理”是做好“供应链管理”的前提，但做好“战略管理”的前提又是什么？

如前所述，做好战略管理的目的是“让企业做正确的事”，确保企业朝着正确的方向发展。因此，企业在做战略之前必须明确一个基本问题：到底什么是正确的事？衡量和评价“正确的事”的依据和标准到底是什么？在不能明确什么是“正确的事”的前提下贸然地做战略，可能会导致企业面临一些新的问题，使经营陷入混乱。

那么，什么是“正确的事”？正确的事是由企业之外的第三方用客观经济指标（如市场占有率、收入、利润等）衡量出来的还是企业自己决定的？先来看几个例子。

例如，联想集团于2004年12月以总计12.5亿美元收购IBM全球的台式机、笔记本电脑及其研发、采购业务，IBM公司将拥有18.5%左右的股份。联想集团在5年内有权根据有关协议使用IBM的品牌，并完全获得商标及相关技术。随后，联想借助渠道优势发展成为全球PC市场的老大。2014年联想在全球PC市场的占有率高达21%，PC业务成为联想在市场中亮丽的风景。

10年后的2014年1月，联想以29亿美元的价格从谷歌手中收购了摩托罗拉移动业务。摩托罗拉移动在全球的品牌和商标组合，以及Moto X和Moto G等智能手机产品组合、3500名员工、2000项专利资产、摩托罗拉移动和全球50多家运营商的合作关系将归入联想。但谷歌将继续持有摩托罗拉移动的大部分专利组合，包括现有专利申请及发明。收购后，移动业务发展得并不理想，联想管理层也承认低估了整合摩托罗拉移动业务的困难。

通过上例我们很容易得出结论：联想收购IBM（PC）业务的战略是成功的，而收购摩托罗拉移动的战略是失败的。然而，当时间退回到2014年之前，我们能否确切地知道联想收购摩托罗拉移动业务的战略一定会失败呢？答案是否定的，因为战略是企业未来的事情。

再如，2017年，永辉超市在福州开启第一家门店，开始采用“超级物种”这一新业务形态。彼时，“新零售”概念被资本市场广泛看好，作为新零售的代表业态之一，超级物种在2017年将永辉的市值推向巅峰。永辉超市的股价不断上涨，2018年市值比2017年翻了2.5倍，成为当年的现象级股票之一。为促进超级物种业态的发展，永辉超市也投入了大量的资源。而2017—2022年短短5年间，随着新零售光环的褪去，超级物种的业绩却逐渐下滑，开始不断收缩关店。

可以看出，2017年，超级物种业态作为新零售的标杆业态，曾经被寄予厚望，当时永辉超市未能预见该业态会失败。

一般来讲，当我们衡量企业的战略正确与否时，有这样一个结论：“当企业没有失败的时候，我们永远不能确定其战略是成功的；但当企业失败的时候，我们可以说其战略是失败的。”这句看似简单的话，却蕴含着一个极其深奥的哲理。这是因为，企业永远处于动态发展的过程中，战略的正确与否用客观经济指标往往是没有办法衡量的。

比如，对京东商城而言，90% 的中高端消费者在京东购物，京东能带给消费者的价值是品质保证、送货快及价格便宜，这是众所周知的。京东的战略与当当、阿里等传统电商企业集中于做轻资产的互联网模式不同，它选择了自建物流的重资产模式。

中国社会化物流总费用在 GDP 中所占的比重约为 17%，几乎是欧美、日本等发达国家的 2 ～ 3 倍。京东构建遍布全国的物流基础设施，提升了用户购物体验的同时降低了物流成本，使物流效率提高了 2 倍以上。但自建物流也带来了运行的高成本，在京东的十多万名员工中，如果把仓储和客服算上，员工 70% 来自物流业务，快递就占了 50%。2015 年，京东有将近 8 亿元的亏损。

从京东的例子可以看出，如果单纯用利润等经济指标来衡量京东的经营业绩，显然其自建物流的战略值得商榷，但从长远发展的角度讲，京东自建物流体系解决的不只是简单的商品配送效率问题，而是京东一体化供应链服务体系建立的基础，也是实现京东多板块（如电商、物流、健康、工业品、金融等）生态商业模式运行的基础性和平台性支撑。有了这一支撑，可以方便地打造关联的生态业务并将其发展起来。

因此，我们可以得出结论：所谓“正确的事”，是由企业自己决定的，而不是由企业之外的第三方通过主、客观经济指标或其他指标衡量出来的。简单来讲，“企业自认为正确的事就是正确的事”。

然而，尽管“正确的事”是由企业自己决定的，但并不是企业想做任何事都可以，否则社会就混乱了。

比如，某乳品企业认为在奶源中加入三聚氰胺会降低成本是“正确的事”，但如果这样做了，必然会损害全社会的利益；某企业在没有取得知识产权许可的情况下抄袭其他企业的产品或技术，也必然会损害他人的正当利益；某互联网企业在没有取得用户许可的前提下，滥用客户数据牟利，直接损害了客户利益。因此，企业做其自认为正确的事，前提是不能损害社会的利益，也就是企业自认为正确的事必须得到社会的认可。

为了解决这一问题，我们在进行战略决策之前，必须探讨一个重要的问题——“企业文化”，它是企业的灵魂。换言之，具有不同文化支撑的企业，其经营企业的使命、愿景和价值观都不同，看待事物的标准不同，做出的事情也不一样。就像一个拥有高尚道德文化底蕴的人和一个被邪恶文化理念驱使的人，做出的事情是有差异的。一般情况下，前者比后者做出违背社会基本道德规范的事情的概率要小得多。

因此，要想让企业自认为正确的事得到社会的认可，前提是企业必须先构建和培育符合社会基本道德准则的企业文化，并将其作为每一次战略制定与行动的基本指南和基础。

可以说，做好“战略决策”的前提是先做好“文化决策”。企业文化是企业的灵魂，是推动企业发展的不竭动力。它包含非常丰富的内容，其核心是企业的精神和价值理念。在企业价值理念的形成和塑造过程中，企业的使命、愿景及价值观的塑造起着重要的作用。企业文化对整个企业的行为具有核心指导作用，是企业行动的指南，也是企业经营管理活动中需要考虑的最高层面的东西。

企业文化对企业有着非常重要的、难以替代的作用。其作用可以概括为两个方面（两类作用）：一类是企业文化对企业战略的核心指导作用；另一类是企业文化的若干其他作用，主要目的是引导和制约全体员工的行为，将企业的使命、愿景和价值观等核心理念贯彻与传承下去，形成企业整体发展的精神支柱和合力（如某些企业崇尚的狼性文化、江湖文化、武林文化、同学文化等）。该作用中往往包括提升企业凝聚力、树立企业品牌形象、应对各种危机、抵御道德风险等方面的作用。

现实中，较多企业关注了企业文化的第二类作用，但对第一类作用的认识、理解和运用还有待提升，而恰恰第一类作用是企业文化最核心的作用，也是引导企业做好战略管理及其决策活动的关键。

针对企业文化的第一类作用，如果企业的文化是以进取、积极、创新、公平和尊重等符合社会公认的道德准则作为基础的，在某种程度上就可以保证制定战略时不会损害社会上其他人的利益，这就是企业文化对战略的核心指导作用的体现。

企业文化的两类作用对企业的指导会通过不同的路径与方式贯穿和体现在企业的管理过程中，如图 2-2 所示。

企业文化的第一类作用是通过指导企业的战略，再通过战略目标和途径的进一步分解，贯彻到企业组织中各层次岗位上的；企业文化的第二类作用则是直接将企业的核心理念和价值观贯彻到组织中各层次岗位上的。这两类作用最终都将在不同的岗位上形成对应的“管理机制”。[1]

需要注意的是，这里的“管理机制”可能是全面、系统的规范化的规章制度，也可能是一些不成文的隐性机制，在潜移默化中会对员工形成一定的影响和制约，还有可能是规章制度和隐性机制的融合。

以某企业采购部门中的某采购岗位为例，企业文化的第一类作用通过企业战略的分解落实到了该岗位上，明确要求该岗位员工在日常工作中厉行成本节约；而企业文化的第二类作用到了该岗位上则明确指出采购时要杜绝“贪腐”行为的发生。

[1] 姚建明．企业数字化转型 [M]．北京：中国人民大学出版社，2022.

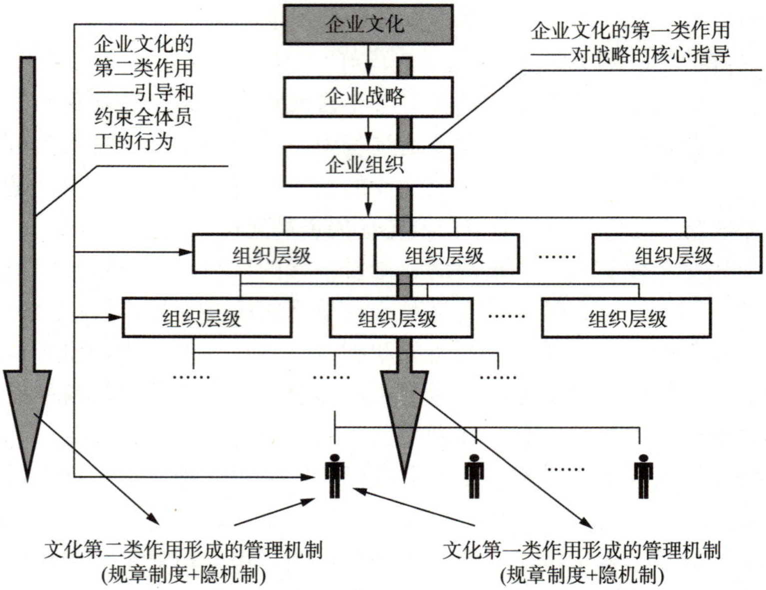

图 2-2　企业文化的两类作用示意

三、企业数字化转型的系统框架

如前所述，企业文化不论是在对企业战略的核心指导、引导和制约全体员工的行为等方面，还是在弘扬企业的价值观、贯彻和传承企业的核心理念等方面都必须得到企业的高度重视。

企业文化在引导企业做“正确的事”方面具有重要的核心指导作用，企业能否让自认为“正确的事”得到社会的认可，进而更好地创造“社会价值”，也主要是由企业的文化决定的。

现实中，尽管很多企业在技术手段支撑、新型商业模式开拓、精准运营和营销、现代数字化设备的运用等方面都走在了时代的前列（如某些以互联网技术为业务支撑的企业），但其企业文化的作用并没有很好地发挥出来，导致企业在战略决策方面出现了很多失误，比如做了一些不考虑“社会价值”的事情（如垄断、消费者信息的侵犯、数据的泄露、社会资源的破坏和浪费等）。因此，对任何企业而言，如何通过合理的文化决策做好文化的建设与繁荣对于企业的长远发展具有重要的意义，这也是企业数字化转型中必须关注的重点问题。可以说，企业做好“战略决策”的前提是做好“文化决策”。

图 2-3 给出了引入企业文化决策之后的企业数字化转型系统框架。[1] 在此框架

[1] 姚建明．企业数字化转型 [M]. 北京：中国人民大学出版社，2022.

的基础上，我们才能全面地探讨如何做好企业数字化转型。

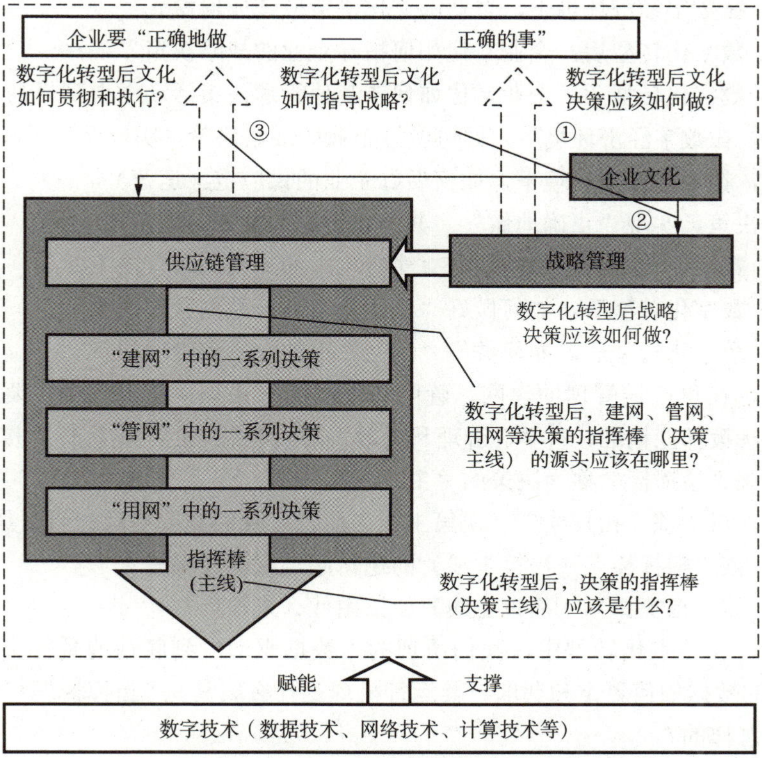

图 2-3　企业数字化转型系统框架

如图 2-3 所示，企业数字化转型就是要用数字技术赋能企业全方位的经营管理活动（图中虚线框中内容）。企业数字化转型的最终目的是更好地实现"正确地做正确的事"（图中虚线框中上部所示），这就需要把供应链管理（实现正确地做）和战略管理（确定正确的事）做好。

因为战略管理决定了供应链管理如何做的问题，因此做好战略管理（决策）是做好供应链管理（决策）的前提。而又因为文化对战略具有核心指导作用，因此战略管理（决策）要想做好，必须先把企业文化（决策）做好。

第三节　企业数字化转型的关键问题

要想全面做好企业的数字化转型，需要重点解决如下六个关键问题。

第一，在数字经济环境（数字技术赋能环境）下，如何通过数字技术对企业文化的相关决策进行赋能。其中要考虑的主要问题是：

（1）在数字经济环境下，企业的文化决策应该如何做？

（2）数字化转型后，企业文化如何指导企业的战略决策？

（3）数字化转型后，企业文化如何在其他管理决策活动中得到贯彻和执行？

第二，在数字经济环境下，如何做好企业的战略决策，实现做“正确的事”。

第三，在数字经济环境下，如何做好企业的供应链（运营）。

管理决策，实现“正确地做”。其中要考虑的主要问题是：

（1）数字化转型后，如何做好“建网”中的一系列管理决策？

（2）数字化转型后，如何做好“管网”中的一系列管理决策？

（3）数字化转型后，如何做好“用网”中的一系列管理决策？

显然，在供应链管理的建网、管网和用网的一系列决策过程中，要想让每一个方面的决策都能精准、科学、合理和高效，必须有统一的“指挥棒”贯穿其中。也可以将该“指挥棒”称为决策的“主线”和依据。

第四，对于该“指挥棒”（决策主线）而言，我们需要明确的问题是：

（1）该“指挥棒”（决策主线）的逻辑起点应该在哪里？

（2）该“指挥棒”（决策主线）应该由什么来担当？

第五，在数字化转型中，我们所谓的“数据驱动”到底指的是什么？“数据驱动”中的数据如何界定和获取？其运行机理是什么？其与“指挥棒”（决策主线）的关系是怎样的？

第六，企业数字化转型的目的是既提升管理水平也提升业务水平。在数字经济环境下，企业在提升业务水平方面有哪些新的价值创造模式可供拓展与创新，以更好地在经济效益和社会效益方面创造价值？

反过来看，上述问题也是在数字经济环境下，我们学习任何一门传统的管理课程（如战略管理、公司治理、组织设计、领导力、运营管理、财务管理、市场营销、人力资源管理、管理沟通、企业内控等）时必须思考的问题。只有将这些思路理顺和打通，才能在各项具体的管理活动中考虑数字化转型的问题，同时将局部管理与企业整体的经营管理活动进行系统关联，实现全方位的企业管理转型协同。

因此，只有探索出数字经济环境下企业全面经营管理活动转型的普适性思路，我们才能针对企业的目标和问题，提出切合实际的转型方案，而不只是照搬其他企业的几个局部的做法。

要想实现数字技术赋能企业的全局管理协同，就必须探索出解决上述六个关键问题的基本思路，同时还要考虑这六个关键问题解决方案之间的内在联系，并且要在规划企业数字化转型系统的总体蓝图时将其很好地融入。

第三章 数字经济时代下企业转型的模式建设

第一节 商业模式是价值创造方式的再造

很多人都确信，有了好的商业模式，企业就迈出了成功的第一步。有报道说，美国企业的成功，60% 依靠商业模式创新，40% 依靠技术创新。而我国的创业成功企业中，超过 80% 主要依靠商业模式创新，只有 20% 依靠技术创新。从这一数据就可以看出商业模式的重要性。那么，到底什么是商业模式？为什么商业模式如此重要呢？它又包含什么要素呢？商业模式实际上是企业数字化转型过程中的核心，对于企业数字化建设来讲，只有实现商业模式数字化发展，才能够使企业在数字经济的基础上，改变自身的发展模式，更好地满足改革要求，借此帮助企业改变自身的发展方向。

一、什么是商业模式

这几年关于商业模式的话题始终热度不减，其背后的主要原因是在产品过剩、利润变薄的经济背景下，传统的以产品为中心的商业模式难以为继，如何找到新的商业模式重续辉煌，成为很多传统企业的重大课题。而在数字经济建设之中，商业模式同样会发挥出非常积极的作用，要想使数字经济能够为企业改革提供动力，必须从商业模式改革的角度出发。

（一）商业模式的基本内涵

自商业模式概念出现以来，许多研究者一直试图找到一套具有一般性、基础性的商业模式理论模型，设想用它作为通用工具来解释企业的价值创造活动。但遗憾的是，到目前为止，对商业模式的内涵还没有一致的认识。

目前有一种通俗的解释，认为商业模式就是盈利模式，即企业通过什么途径或方式来赚钱。例如，1 元人民币投资之后变成了 1.1 元，商业模式是指这 0.1 元在什么地方增加的以及如何增加的。简言之，商业模式解决企业做什么、怎么做、怎么盈利的问题，实质是商业规律在经营中的应用。

哈佛商学院教授克莱顿克里斯坦森对商业模式有一个经典定义：商业模式就是如何创造、传递、支持和获取价值的系统。它包括四个环节：用户价值主张、关键资源和关键流程、盈利模式。用一句话来解释，商业模式就是描述与规范一个企业创造价值、传递价值以及获取价值的核心逻辑和运行机制，这一系列过程能很好地诠释企业整体运营逻辑。根据克莱顿·斯坦森提出的观点就是价值主张、价值创造、价值传递、价值获取四个关键词。这四个关键词之间的关系具体如图 3-1 所示。

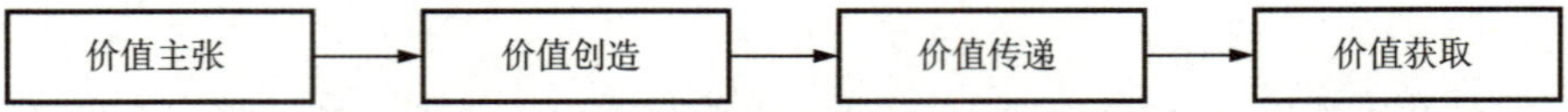

图 3-1　商业模式四个关键词之间的关系

商业模式最核心的四个组成部分，四者缺一不可，少了任何一个，都不能形成完整的商业模式。

（1）价值主张。商业模式考虑的是价值，商业模式是企业创造价值的逻辑，它是企业在复杂多变的市场环境中用以识别机会、获得竞争优势并创造更大价值的主要法则。

（2）价值创造。把能使企业运行的内外各要素整合起来，形成一个完整的、高效率的、具有独特核心竞争力的运行系统，并通过最好的实现形式来满足用户需求、实现各方价值。

（3）价值传递。价值如何有效传递给用户的方式，包含如何把产品和服务销售给用户，如何与用户建立连接的渠道。随着技术变化，价值传递方式和手段变化也非常快。

（4）价值获取。价值获取是通过一定的盈利模式设计来持续获取利润，确保企业永续经营。主要包含成本和盈利两部分。

总之，商业模式是企业内外部达成共识的一套用来阐明组织如何创造价值的商业逻辑，是价值创造系统的整体布局，是一个企业得以运转的底层逻辑和商业基础。通过商业模式这一系统，企业可以管理自身拥有的各类资源，利用具有的组织运作、生产和营销等能力，生产和提供可以满足消费者需求的产品和服务。一个好的商业模式就是企业强劲的“动力之心”，是企业最大的软实力。企业在数字经济背景下，如果想要满足社会发展要求，就需要从实际情况出发，重新制定与优化自身的商业模式，才能够改变自身的发展方式，创建出合理的建设路径，借此更好地满足时代要求，为企业的市场竞争提供保障。

（二）商业模式相关概念辨析

在大概理解了商业模式的基本内涵之后，还有必要再对与商业模式相关的几个概念作一番辨析。

1. 商业模式与企业战略的关系

商业模式与企业战略间既有交集，又有所区别。商业模式源于企业战略，原本是战略的一部分，后来逐步成为一个独立的体系。因此，两者具有非常紧密的联系。两者的差别可以用一句话概括：战略规划解决企业发展问题，商业模式解决企业生存问题。

商业模式与企业战略主要存在以下两方面的区别：

第一，两者有前后逻辑关系。战略更多关注的是定位问题，即企业应该占据哪个细分市场，在这个市场上应该采取什么样的竞争策略。商业模式是在确定进入哪个市场后，具体采取什么样的商业逻辑以赢得市场。这两者是有前后关系的。

第二，两者的关注点不同。商业模式是一个系统，更多的是考虑如何将不同业务组合在一起，关注的重点是“合作”而非“竞争”。但企业战略恰恰相反，更多的是关注“竞争”问题。

2. 商业模式与运营模式的关系

在提到商业模式时，还经常提到一个概念，那就是运营模式。在介绍 SMART+ 框架时，有时也会谈到“M”包含商业模式和运营模式，那这两者是什么关系呢？

如果回到企业经营，会看到两种根本性的内在力量在相互作用，这就是商业模式和运营模式。企业级的创新，最终都会落实在商业模式创新或者运营模式再造上。企业的数字化转型，就是对商业模式和运营模式的重塑和再造。这两者同时存在、相互交织。

首先，商业模式关注向外拓展市场、扩大市场份额，因此需要不断有新产品、新服务，乃至新模式创造出来，关心如何实现对原有价值创造模式的改变，让企业在变化的环境中找到新的价值创造的方式。

其次，外部价值创造模式的改变必然会带来企业内部运营模式的变革，就像之前提到的报社的案例，为了销售广告就要有广告业务团队，就要有广告销售、制作的流程，这些都是运营模式关注的内容。运营模式关注控制、约束、精益求精、追求利润最大化。没有良好的运营模式，再好的商业模式也难以真正落地、盈利。

总之，商业模式是运营模式的先导，运营模式的优化是商业模式落地的基础。如果说商业模式关乎企业的成长和长久的盈利能力，那么运营模式关注更多的是企业的效率，其关注点在内部。

3. 商业模式创新与技术创新的关系

技术创新和商业模式创新是企业发展的双翼，两者之间也有着密切的关系。到底是技术创新优先还是商业模式创新优先，在理论和实业界都存在很大争议。

目前，中国最成功的互联网公司大都是商业模式创新而不是技术创新的结果。出现这个结果是有客观原因的，这是技术发展与技术应用不同步导致的。我们都感受到了近年来技术的快速变化，但技术应用的速度远远没有技术自身变化的速度快，两者之间形成了一个巨大的鸿沟，这个鸿沟就是商业模式创新的空间，这个空间越大，说明商业模式创新的价值越大。

在中国还存在一个庞大而低端的消费市场，无数商品还没有被寻常消费者享受到，在这样的情况下，对绝大多数人来说，追求极致的新技术并没有太大的意义，充分应用成熟技术反而更有价值。发现新的需求，并且创造出新的需求模式，显得比单纯的技术创新更加重要。

因此，商业模式虽然是基于一定的产品和技术产生的，但是它本身也可以引领技术和产品的研发方向。也就是说，企业可以先有商业模式，再围绕着商业模式的要求去开发相应的技术或产品，这在目前的中国市场是一个比较切合实际的举措。

4. 商业模式创新与产品创新的关系

很多咨询公司及 IT 厂商的数字化转型方法论中经常把产品创新与商业模式创新结合在一起去讲，认为数字化技术可以先创造新的数字化产品，再创造新的模式。那产品和商业模式到底是什么关系呢？

产品和商业模式并没有严格的先后顺序，不是说一定要先有产品创新再有模式创新，也不是说模式创新比产品创新更加高级。两者的关系比较复杂，可以用如图 3-2 所示的矩阵来表示。

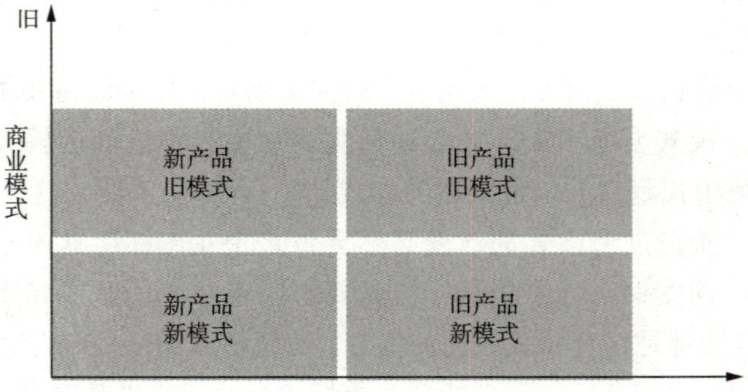

图 3-2　产品与商业模式关系矩阵

在这个矩阵中，产品与商业模式创新存在多种组合：[1]

第一象限：旧产品、旧模式。这种情况下既没有产品的创新，也没有商业模式的创新，企业只能通过战略、管理、渠道建设去形成与竞争对手的差异化。

第二象限：新产品、旧模式。企业基于原有的模式，设计一个新产品。就是用原来的模式打造新的产品，满足新的需求。

第三象限：新产品、新模式。在这个行业引入一个新产品，并用新模式做这个新产品，这是比较高的境界。

第四象限：旧产品、新模式。产品是老的，但模式是新的，利用旧产品化腐朽为神奇，价值创造的方式和结果都会不一样。

在这四个象限中，第三象限是最理想的状态，但如果不能做到两者全部创新，能够做到基于原有的模式创造新产品，或者基于原有产品创造新模式都是有价值的。

二、为什么商业模式如此重要

管理学大师德鲁克认为：当今企业之间的竞争关键点逐渐由产品竞争转向了商业模式创新。为了实现可持续发展并获取长久的利润，企业的竞争优势不再是产品与服务，而在于商业模式创新。这也可以说明为什么近年来商业模式创新如此热门。对传统企业来说，商业模式创新是未来几年数字化转型 2.0 的重点内容之一，关系着数字化转型的成败。

以往在分析柯达公司时，多数是从破坏性创新角度分析其失败原因的，其实从商业模式角度看，也可以分析为什么这个曾经如此辉煌的企业会衰落。柯达在过去漫长的岁月中形成了一种叫作“相机 + 胶卷 + 冲印”的业务组合，其中相机业务是不盈利的，每销售一台相机大概要亏损 60 美元，真正盈利的是胶卷业务，它是依靠相机带动胶卷和冲印业务，这个模式有一个专有名词——“剃刀 + 刀片”模式，它是一种非常精巧、非常高明的模式，在打印机、刮胡刀、医疗设备等领域广泛应用，其精髓是设备本身不挣钱，靠附加的配件来盈利。但成也萧何、败也萧何，当 1975 年柯达生产出世界上第一台数码相机时，发现这种新技术无法带来胶卷和冲印业务的收入增长，反而会冲击盈利业务，于是这一新技术被无情地雪藏了。在数码相机日渐成熟时，柯达给出的策略是迅速开了 10 000 家照片打印店，希望大家继续冲印数码照片，这个思路仍然是传统的商业模式思维，但市场无情

[1] 刘继承．数字化转型 2.0 数字经济时代传统企业的进化之路 [M]. 北京：机械工业出版社，2021.

地抛弃了柯达，使其成为倒在数字化时代大门口的第一个巨头。由此可见商业模式创新的价值和重要性。

（一）商业模式创新是差异化竞争的必须

商业模式的概念是20世纪90年代后期才开始流行起来的，这与以互联网为代表的数字化技术的爆发式增长同步。数字化技术的快速发展，使得信息的加工、储存和共享变得越来越便利，成本也越来越低，这种趋势对公司的经营带来了巨大的变革。价值链被分拆并重组、众多新型的产品和服务不断出现、以电商为代表的分销渠道日渐成熟、更广泛的用户群体等。这一系列的变化最终导致了新的经营方式的大量涌现，几乎在每个行业都产生了新的商业模式。

对企业来说，它们拥有了更多的选择权。以前，公司的商业模式都大同小异，只要确定进入一个行业就知道自己该干什么。但是今天，仅通过战略分析选择一个有利可图的行业和市场是远远不够的，企业还需要在同一行业中设计一个具有差异化、竞争力的商业模式才能取得更大的竞争优势。企业在进行商业模式选择时，只有选择适合的、难以被其他企业模仿与超越的商业模式，企业的核心竞争力才会变强。而且，单一要素的企业创新已不能真正实现差异化，这就需要企业进行前所未有的变革。只有商业模式的创新才能全面变革企业运营的各个要素，才能适应增长的市场需求。

总之，商业模式包含了用户群体的选择、营销策略、产品规划、成本结构、收入模型等多个要素，这些都是企业经营的核心要素。商业模式能够帮助企业更好地理解、掌握、统筹这些要素。企业只有制定科学的商业模式，才能在竞争中立于不败之地。

（二）商业模式创新是企业转型升级的必须

如今已是产品过剩的时代，而绝大多数的企业还在用传统的思维来经营。这使得企业开始面对层出不穷的难题：产品利润太薄，越来越不赚钱；同行打价格战，利润越来越低；找用户太费劲，打广告价格太高；缺人才、缺资金、缺资源；库存压力大，产品很好但就是卖不出去等。很多问题表面上看是产品和管理的问题，但更深层次是企业的商业模式出了问题，原来的模式已经不符合时代要求了。

企业之间的竞争也是有层次的，商业模式是比较高层次的境界。如果企业总是在产品、营销、成本等低层次找出路的话，就像爬山一样，总在山脚、山腰打转，很难到达山巅；而企业以商业模式的高度从上往下看时，就会豁然发现，通往山巅的捷径随处可见。成功的商业模式创新可以为企业带来卓越的价值提升和难以超越的竞争优势。

（三）商业模式创新是数字化转型 2.0 的核心

有专家认为，企业每过 5 年就要更新一次商业模式。虽然 5 年这个时间段不一定是固定的，但商业模式要与时俱进确实是必要的。

在数字化技术的冲击下，很多企业发现，自己原本赖以立身的商业模式落伍了，竞争者越来越多，市场空间越来越小，盈利越来越困难。与此同时，企业发现，很多外行的野蛮人冲进了自己的业务领域，凭借新的商业模式成为陌生但更加可怕的竞争对手。因此，对很多企业来说，不仅要实时更新产品和服务，还要实现商业模式的与时俱进。

从更加理论一点的角度看，商业模式的数字化创新是实现企业数字化转型不可逾越的一个关键环节。

数字化转型的第一个阶段是内部运营的数字化，这其实是信息化的主要工作。企业利用企业资源管理系统 ERP 实现进销存一体化和业财一体化，实施客户关系管理 CRM 实现客户的统一管理等，多年来，这是企业信息化建设的重点，这个过程就是业务逐步数字化和线上化的过程。当然，随着数字化技术的进一步发展，运营数字化还将持续推进。

在业务运营数字化初见成效时，企业发现仅仅做内功是不够的，企业要想赢得新的市场竞争，需要商业模式的创新和数字化转型，只有充分实现利用新技术开拓新的市场、开发新的价值创造模式才能实现企业在数字化时代的持续增长。凡是不能实现这一点的企业都会如逆水行舟一般不进则退，只有不断实现商业模式创新才能距离数字化企业的目标更近一步。

数字化转型的最终目标是数字化企业，在实现了运营创新、产品创新、模式创新后真正实现业态创新，这是数字化转型的最高形态。由此可见，商业模式的数字化创新在转型中居于重要的地位。

（四）商业模式升级是应对互联网企业竞争的必须

互联网技术的广泛应用，催生了诸多成功实现商业模式创新的企业。这些企业反过来向传统企业发起冲击，对传统行业带来颠覆性的变化。为了满足日益个性化和多变的用户需求、抵御无处不在的跨界竞争和随时可能发生的颠覆风险，传统企业不得不借助数字化技术的赋能对自身的理念、模式、组织和运营进行一场不间断的系统改造。

如果企业不进行商业模式的创新，难免会遭遇行业“洗牌”，最终湮灭在数字化时代的浪潮之中。所以，数字化背景下的商业模式创新研究就显得尤为重要，传统企业需要重点研究数字化如何作用于企业商业模式创新演化的过程，并“以其人之道还治其人之身”，以对抗互联网公司的颠覆。

总之，商业模式是一个企业健康发展的根本前提，是一个企业的基石，是关系到企业生死存亡的大事。企业要想获得成功，就必须从制定成功的商业模式开始。

第二节　企业数字化商业模式创新指引

在与互联网企业的跨界竞争中，很多传统企业发现，曾经成功的经验与模式已经不能帮助企业实现持续的增长，有时反而会使企业陷入危机之中，成为企业进一步成长的陷阱与障碍。在这种背景下，再试图通过数字化技术对传统的做法进行局部的优化效果已经很小，必须对企业创造价值的商业模式进行深入的重组与改造，以数字化思维实现商业模式的创新。

一、数字化商业模式创新的思路

（一）行业洞察

商业模式创新需要具有深刻的行业洞察，要基于技术创新、用户需求、外部竞争等各个方面进行深入的洞察才能找到创新点。很多人以为，“我在这个行业很多年了，我对这个行业了如指掌”，但实际情况是我们经常高估自己，尤其是对新生的技术和模式，很多传统企业的从业者往往反应慢半拍，有些人即使发现了新生事物，也往往从负面看待它，这样的心态和视野是难以实现创新的。另外，如果公司想进入一个新的行业，就更需要进行充分的调研和分析，重点要了解新行业的现有模式和可能的新模式。

（二）模式设计与创新

在了解了行业之后，就要开始着手进行新模式的设计与创新了。虽说这一步还是“纸上谈兵”，但也是一个汇聚大家思路、充分解放思想的过程。很多人认为商业模式创新是天才灵光一现的结果，但创新其实也要依靠群众，只有发动大家的力量才能源源不断地挖掘出创新机会点。商业模式的重大创新一般都是基于盈利模式和用户价值两个核心要素展开的，可以商业模式画布为基础，从重点环节出发，分析自身或者竞争对手现有的模式存在哪些痛点和盲点，存在哪些创造、改进的机会点，从不同的要素角度出发，进行重新排列、组合或构造，从而设计出具体的、创新性的商业模式备选方案。

（三）评价决策

可能的创新很多，限于资源不可能全部实施，需要根据一定的标准从中进行选择。因此，当有了多个新的商业模式的备选方案之后，需要对其进行评价决策。对于商业模式评价，可以依照结果类的定量评价指标，如投资回报率、收入增长率或者利润增长率、用户数的增长率以及用户的规模等；也可以是一些定性指标，如创新性、与现有业务的关联性、对现有业务的促进度等。通过这样一些评价，可以从诸多备选方案当中选择一些相对较好的商业模式，并做出是否要投资、何时投资的决策。

（四）执行反馈

新的商业模式仅靠理论是远远不够的，在方案设计完成后，一定要在实践当中去试错，找到那个最好的、可以大规模应用的商业模式。而且，商业模式创新是一个持续不断的过程，需要不断的循环往复去升级。

有一个共性的、影响创新的心智模式问题，如果心智模式解决不好，创新也是难以实现的。心智模式包含开放的心态、全局的思考、突破现有模式的束缚、关注价值创造等。这其中最重要的是创新需要挑战传统的思维，企业需要实现从规模增长、技术增长到价值增长，由内到外、由外到内、由封闭自主到开放协同，从根本上构建全新的创新思维。

当然，上述四个阶段不是线性的，而是一个不断迭代、持续升级的过程。在这四个阶段中，第二阶段最为重要、最为关键。接下来就对这几个阶段如何操作逐一进行介绍。

二、行业洞察发现创新机遇

进行商业模式创新，面临的第一个问题就是新的商业模式从哪里来。要回答这个问题，就要进行深入的行业洞察。行业洞察与分析可以从用户需求、技术趋势、行业趋势等角度展开。

（一）用户需求洞察与分析

从根本上来讲，任何商业模式都源自用户需求，未被满足的用户需求是商业模式创新的灵魂。无论何种商业模式，它的起点一定来自用户的痛点，是一种未被发现或满足的需求。简单来说，任何商业模式都源自企业对用户需求和痛点的理解。一种商业模式在探索、成长的过程中，大多数时候是由用户引导着向前发展。用户分析就是要找到用户在使用产品过程中不方便、不舒服的地方，有针对性地作出改变，提升产品的价值，改变固有的范式，将用户的体验变得更容易、更简单。

很多曾经成功的企业之所以失败，很大程度上是因为在经历了一些成功之后，这些企业丢掉了对用户的好奇心。只有那些具有异常商业嗅觉的人，才能够把握商机，迅速崛起，这就是新的商业模式往往由新势力创造，而非传统企业创造的原因。

（二）产业发展的洞察与分析

产业洞察是指对产业环境和产业趋势进行深入研究、理解和把握。关于产业分析，张磊在其著作《价值》一书中给出了一个非常完善的分析框架，这个框架原本是应用于投资领域的，但也适用于商业模式创新的行业分析。张磊认为，要实现对行业的洞察，需要从深入研究、长期研究、独立研究三个方面入手。

1. 深入研究 = 研究深 + 研究透

“研究深”是指做的研究必需基础和根本。首先是通过与创业者交流，对消费者访谈，谋求资深从业者的见解、判断，积累第一手的行业数据，了解关于行业或生态的历史脉络、横截面数据或者价值链，对生意所处的环境形成独特的认知和超预期的判断，具备真正理解因果关系的能力。其次是研究全球的商业进化史，通过在世界各地寻找先进的商业轨迹，收集加工全球不同地区、不同产业生态的“物种演化”。分析的角度可能是行业的上下游，可能是不同的产品形态和定位，可能是某种资源或能力的稀缺性，也可能是影响这个生意的其他环境和基础设施，核心目的是用全球的样本把产业演变的逻辑进行沙盘模拟，把历史性和前瞻性贯穿起来，形成一个跨地区、跨周期的分析结果。

“研究透”是指做的研究必须全面透彻，经得起时间的考验。在研究过程中，很重要的一个方法是逆向思维，即反过来想。很重要的一点就是质疑“假设”，如果现有产业所处的生态变了，企业盈利的方式变了，企业组织的流程变了，这个企业会不会出现大的风险？如果现有资本市场的玩法变了，整体市场环境或传统的规则变了，这个模式还能不能走下去？如果整套逻辑的前提假设变了，哪些结论会不复存在？研究透的目的是检验所有的商业过程是否能够自洽，能否在事实上、实际操作中都成立。

2. 长期研究 = 关键时点 + 关键变化

什么是关键时点？就是在大家都看不懂的时候，少数人能够在这个时点敏锐察觉产业的变化，为消费者和整个价值链输入新的模式和价值。什么是关键变化呢？就是环境的结构性变化，包括产业的生态位置调整、基础设施完善、需求的升级或转移等。创新往往有一个时间窗口，就是大家经常说的“风口”，抓住风口就能乘风而上。而在这个窗口之前，还有一个窗口叫“傻瓜窗口”，就是在一段时间里，投资人都觉得你的商业模式非常不靠谱、非常傻。在许多人看不起、看不懂、觉得不靠谱的这段时间里，企业将有机会积累用户、试错产品，并且创造出一定的商业壁垒，接下来就是拐点和陡变。

3. 独立研究 = 独特视角 + 数据洞察

在喧嚣的环境中，独立的视角、独立的态度非常重要。通过特立独行的研究和判断，才能够在一些不被看好的事情上下重注，从而取得超额回报。许多创新企业的价值创造机制和盈利方式，是传统思维和方法无法评判的，这时候就要有独立的思维、坚定的态度，否则即使是好的模式摆在面前你也不会去珍惜。当然，独立研究不能建立在感性、个人直觉或概率的基础上，而是要建立在理性、系统的分析和客观检验的基础上。

总之，商业模式的创新不是随大流、拍脑袋得来的，创新的基础是长期、深入、独立的行业分析和判断的结果，这样才能看到他人看不到的创新机会点。

（三）技术发展洞察与分析

数字技术是新模式诞生的根本动力，数字技术的发展也会对商业模式创新带来全方位的影响。数字技术层出不穷，如何建立数字技术与商业模式创新的链接呢？这就需要从业务价值角度去重新思考数字技术。一般来说，数字技术对商业的价值集中在如下五个方面。

（1）建立全面链接，去中介降成本。信息技术实现了人与人、人与物、物与物、人与组织、组织与组织的全面智能链接，并会在不久的将来实现万物互联。链接方式的变革本身就是巨大的创新，如火如荼的电商就是交易链接方式的变革。相信随着新的链接方式的诞生，会改变更多行业的竞争格局。

（2）构建用户运营平台，提升用户体验。数字化实现企业与用户的直接连接之后，企业可以与用户直接互动，通过持续的运营，提供个性化的服务，极大地提升用户体验，这其中的任何一个环节的变革都会带来商业模式的变革。

（3）扩展企业范围，打造社会化商业生态圈。在数字化时代，随着连接、共享、协同的多样性发展，企业的经验范围会在数字技术的推动下向外扩展，最终将形成多行业交错的创新生态圈，通过新技术创新性地处理与合作伙伴之间的关系也是商业模式创新的源泉之一。

（4）基于数据变现进行创新。业务数据化、数据业务化是很多企业期望的结果。数据资产化已经成为领军企业的一项核心能力和资源优势。领先企业都在探索如何将数据变现成为一个新的商业模式，这一思路将有广阔的市场空间和商业前景。

（5）基于自身经验，向外扩展IT能力。目前，有部分领先企业在过去一段时间里积累了丰富的数字化经验，目前它们正试图把这些原本属于企业内部的IT能力以商品化、服务化的方式向外输出，使IT成为新的收入增长点，这也是商业模式创新的一大热点。

总之，利用数字技术实现商业模式创新不是互联网公司的专利，传统企业也可以运用数字化技术、工具进行产业重构和商业创新。

三、寻找商业模式创新的机会点

在经过一番行业、技术等宏观分析之后，就要进入微观领域，看一看如何基于企业自身的实际情况，找到商业模式的创新机会点。

（一）数字时代商业模式创新的思路

创新不是天才的灵光乍现，而是大家长期深度思考的结果，是有路径和方法可循的。对数字化商业模式创新来说，商业模式画布就是一个很好的指导和分析工具。商业模式画布本身就是一种创新，通过宏观环境、行业分析和公司内部资源能力分析，使企业更好地识别可能影响企业竞争优势的不同点，在激烈的竞争中通过商业模式创新给公司寻找更适合的、能持续发展的新的盈利点。商业模式画布理论与其他商业模式研究最大的差别在于商业模式画布使商业模式构成要素更为直观，结构性和逻辑性更为严谨。

延续之前对商业模式概念的理解，模式创新可以从四个维度入手，即重构价值主张、重振价值传递、重塑价值创造、重生价值获取。

（1）重构价值主张。关注商业模式画布中的价值主张领域，重新定义顾客，为顾客提供新的产品和服务，满足顾客需求。

（2）重振价值传递。关注商业模式的画布中的用户细分、销售渠道、用户关系等领域，彻底重新设计与用户接触端的价值链，以更极致的方式与用户连接，为用户服务。

（3）重塑价值创造。关注商业模式画布中的关键业务、关键资源、关键合作伙伴领域，利用新的思维、新的技术对这些领域进行重塑，寻求新的模式与做法。

（4）重生价值获取。关注商业模式画布中的成本结构和盈利模式，创造更多的盈利模式，减少成本支出。

当然，真正的商业模式创新不能完全割裂开来，要从整体进行设计。因为这四者是紧密相连的，改变其中任何一个，肯定对另外三个带来影响。如彻底重新设计终端的价值链，必然会改变顾客的价值观念；又如彻底重新定义顾客，必然需要全然不同的价值链设计方案。在我们分别进行局部的优化之后，还要对总体模式等进行整合。但为了论述方便，我们还是先分别来谈一下在这几个领域如何实现创新与重塑。

（二）如何重塑价值主张

价值主张是用户选择一个公司而非竞争对手的原因，它解决了用户困扰或者满足了用户需求。商业模式创新最应关注的就是该向用户传递什么样的价值，帮助用户解决哪些难题。无论企业用的是什么模式，给自己什么样的定位，终极裁判只有一个，那就是用户，模式设计和模式创新就是要将主动权交给用户，通过提供价值来获取优势。重塑价值主张是指从用户需求出发，通过对用户需求的深入发掘、理解和把握，在此基础上再针对用户需求进行全面的价值创新。

不同行业的价值主张是不一致的，但以下跨行业的共性特点可供参考。

（1）新颖：满足用户从未感受和体验过的需求。

（2）性能：改善产品或服务的性能是一个传统意义上的创造价值的方法。

（3）定制化：满足个别用户或用户细分群体的特定需求。

（4）品牌：用户可以通过使用或显示某一特定品牌而增加实用和感受的价值。

（5）价格：以更低的价格提供同质化的价值是满足价格敏感用户细分群体的方法。

（6）成本削减：帮助用户削减成本是实现用户价值的重要方法。

（7）风险抑制：帮助用户抑制购买产品或服务后所产生的风险可以创造用户价值。

（8）便利性：使产品或服务为用户提供更好的体验，增加获取的便利性。

传统企业的价值主张一般是以产品为中心的，数字化时代有了两个最大的转变，第一个是从产品向服务转型，第二个是从产品向平台转型。

1. 从产品向服务转型

对广大的传统制造企业来说，价值主张创新的最主要思路是对传统优势资源进行整合，从传统的关注制造为主，向关注“制造 + 产品 + 服务”的全流程转型。企业通过服务化创新商业模式，实现商业逻辑从商品主导向服务主导的进化。这方面其实已经有很多企业在开始尝试，并初步取得成效。接下来就看一看三一集团的经验。

三一集团有限公司始创于 1989 年，是以“工程”为主题的装备制造企业。在国内，三一集团建有北京、长沙等六大产业基地。在海外，三一集团建有印度、美国、德国、巴西四大研发和制造基地，业务覆盖全球 100 多个国家和地区。

2018 年 3 月 5 日，三一集团董事长梁稳根先生在全国两会上提出，数字化转型，不翻身则翻船。在公司内部，梁稳根则讲，我们的竞争对手不是同行而是这个时代，是技术的进步，时代的变迁会把你“打死”。我们应该采取一致的行动，充分地、发自内心地去拥抱它、理解它，让自己成为数字化专家，把数字化技术运用到经营的各个环节中去。

在最高领导的推动下，公司在信息系统建设初步取得成效之后，开始推进数字化升级，以一切业务数据化、一切数据业务化为指引，利用公司在工业领域数字化方面的优势，提出公司由“单一设备制造”向“设备制造＋服务”转型。通过提供整体解决方案、承包经营、设备入股等方式，探索“生产＋服务”的新盈利模式，实现设备、配件、服务的全面创收；大力推进由工程机械到“工程机械＋”的转型，推进军工、消防车等新产业的快速提升；由主机到全价值链经营的转型，改变以往主机营销过度集中的模式，向主机、服务、配件、租赁、大修等全方位价值链经营转变。

承接这一转型目标的是“树根互联”项目，树根互联项目的总体战略目标简单来说，“树根互联”就是希望将三一集团的设备互联模式，复制到制造业的其他各个行业中去。让其他领域也拥有设备互联、数据互通的能力，从而实现设备生命周期管理、设计研发数字化、生产制造数字化、售后及维修服务可预测等一系列数字化时代的工业能力，打造出一个普适于中国制造业的自主可控的工业互联网平台。该平台以“机器连得上，数据接得住，设备管得好，智能落得地”为目标开发产品，支持企业降本增效，促进企业创新发展，赋能企业数字化和智能化转型。

基于此，“树根互联”开展了一系列探索与经营。以“连接机器”为核心，截至 2020 年 4 月，“树根互联”已经接入各类工业生产设备超 66.8 万台，形成了包括工程机械产业链、铸造产业链、注塑产业链、纺织产业链、定制家居产业链等在内的 20 多个产业链工业互联网平台，赋能达 81 个细分行业，连接超 5000 亿元资产。

2. 从独立运营向行业平台转型

互联网的世界是无边界的，市场是全国乃至全球。平台型商业模式的核心是打造足够大的平台，我搭台、你唱戏，通过合作双方共赢。应该说平台模式是互联网公司最成熟的一种模式，也是所有传统企业，尤其是那些在原有行业内领先企业数字化转型的梦想，大家都想搭建一个行业平台，利用平台来重新定义行业规则。但是对于传统企业而言，做平台的难度也是显而易见的，哪怕是行业领先的传统企业也鲜有把行业平台做大的案例。

当然，传统企业也并非不能打造行业平台，只要机制足够灵活，依托原有优势，传统企业也是可以大有作为的。例如，在竞争激烈的物流领域，近年来，已经涌现了满帮、货拉拉、滴滴货运等互联网创业公司，无数企业都希望成为这个万亿规模市场中的平台企业。中储股份集团下属的一家名叫中储智运的企业在这个竞争异常激烈的市场中占有一席之地，改变了社会对于“央企做不了互联网”的看法。截至目前，该平台已整合近百万专业司机运力（其中活跃运力过半）、1 万余家运输企业为 1.2 万余家货主会员服务，涵盖运输线路近 20 350 条，平均不到 7 秒成功完成一单交易，平均为货主降低 10% 的成本，司机找货时间减少 69%。强大的央企背景是其成长的基石，但良好的机制和创新的基因才是根本，才能在众多平台型产品中脱颖而出。

（三）如何重整价值传递

商业模式的第二个重要环节跟用户相关。这部分也是数字化时代商业模式创新最活跃的环节。商业模式中的传递价值可以分为用户细分、用户关系、渠道通路三个部分。

1. 用户细分

任何一个企业都做不到满足所有消费者的需求，尤其是在激烈的市场竞争环境下，企业通过用户细分必须做出合理决议，即到底该服务哪些用户细分群体，该忽略哪些用户细分群体。

按照传统方式，根据用户的不同需求和对企业的贡献大小，用户可以细分为两大类，即战略用户细分和策略用户细分。还可以根据 ABC 分析法，将用户分为高端用户、大用户、中等用户、小用户等不同类别。数字化时代有了数据的支持，可以进行更加细化的区分，很多互联网公司根据用户画像，可以把用户细分为上千类，并根据不同的类别设计相应的产品、推荐个性化方案。

用户细分是商业模式创新的关键点，对大多数传统企业来说，要发现一个别人都没有注意的、巨大的市场是很困难的，创新点往往存在于那些细分用户的市场中，创新也往往是从细分市场，甚至是低端细分市场切入才能真正改变现有的竞争格局。

2. 用户关系

用户关系是企业与用户的联系，这种联系可能是企业的员工和用户的直接接触与交流，也可以是通过网络平台的交互，还可能是用户通过在企业生产的智能终端操作而产生的数据联系。总而言之，它代表了用户与企业的每一个接触点，企业与用户的这种关系可能会给企业带来收益。它可能会通过这种联系发展新的用户和市场，也可能产生用户黏性使用户重复购买或购买企业其他产品，这自然会给企业带来更多的销售额。

用户关系管理中最核心的部分就是如何建立依存型关系。依存型关系中企业会通过互动和用户的反馈意见了解每一个用户，同时了解企业自身的优缺点，更加有效地制定战略；用户也能够更好地了解自己的需求。关于如何维系用户关系的创新手段是非常多的，根据服务的标准化程度和互动能力可以分为：公域＋私域用户运营、数仓型营销、窄渠道的精准营销与大众化市场营销。

无论企业与用户之间采用何种关系类型，企业都必须做到持续地增加和完善用户价值。企业更应该关注如何使用户得到成长，用户在与企业不断的交流中变得强大，对自身的需求更为准确，企业就更容易了解消费者需求。

3. 渠道通路

当企业去影响这些用户之后，怎样有效地把产品和服务传递给目标消费者，这就是通常所说的渠道的概念。渠道通路是企业价值主张到达用户的路径，因为所有的商业都是为了交易，商业模式的研究也是以交易为起点的。因此企业需要建立渠道、维护渠道。

很多企业的商业模式创新往往是渠道的调整和重构，如瓜子二手车、人人车去掉了中间渠道，分众传媒、淘屏广告改变了渠道场景，O2O 模式、新零售模式改变了渠道媒介。渠道通路决定了企业如何连接市场，这些要素的变化和创新会引起企业整个商业运作架构的改变，导致商业模式的创新。

消费者的购买行为通常会按照这样一个模型：认知产品、评估产品、决策、购买和消费。数字化时代渠道通路设计的主要方法是用户旅程，要站在用户视角，设计更便捷、更科学的旅程，为用户提供顺畅的渠道通路。

（四）如何重构价值创造

企业要能够向用户创造并传递价值，背后需要有一套完整的支持价值系统，包括公司的组织、运营和管理体系。如果把传递价值当作公司的前台，那么支持价值的环节就是公司的中台和后台，它主要包括核心资源、关键业务、合作伙伴三个部分。

1. 核心资源

每个商业模式都需要核心资源。核心资源是指企业为了实现其为用户提供价值的主张顺利进行而需要的最重要的资产，以及整合这些资产的能力。核心资源是企业独有或行业内稀缺能够给企业带来超额回报的资源，它包括有形核心资源，也包括无形核心资源。有形核心资源包括企业的特殊生产设备、稀有物质资源以及具有竞争力的人力资源或用户资源；无形核心资源包括企业品牌、特殊技能、知识产权或专利、先进的管理流程和方法等。

对于任何企业而言，要提供相应的产品和服务，并且把这些产品和服务交付给目标用户，都需要大量的资源作为支撑，既包括资金、技术和人才，也包括越来越重要的数字化能力，比如大数据、商业智能等，这些数字化能力在数字化时代变得越来越重要。

企业一定要清楚地知道自己的核心资源有哪些。经营企业很像打仗，打仗的时候兵马未动，粮草先行，做企业也需要对自己的资源做一个盘点，比如人才、技术、资金、品牌、渠道等，而大数据、IT 技术能力等资源在数字化时代变得越来越重要。只有当资源和战略相匹配，这样的创新才能真正落地。

2. 关键业务

当企业把商业模式中的各重要板块都确定下来后，需要具体的执行活动来最终实现和交付价值主张。这些具体活动就是关键业务板块要描述的。与核心资源一样，关键业务也是创造和提供价值主张、接触市场、维持用户关系和获取收入的基础。关键业务是企业必须要做的事情，是用来创造价值的活动，它保证了商业模式的可行性。关键业务与企业所在行业以及价值主张息息相关，也与企业选择的盈利模式密不可分。一般来说，关键业务可以分为以下三类。

（1）制造产品。这类业务活动涉及生产一定数量或满足一定质量的产品，与设计、制造及发送产品有关。制造产品这一业务活动是企业商业模式的核心内容之一，如果不能低成本、高质量地把产品生产出来，很多创新的商业模式是无法落地的。

（2）解决问题。这是指企业的主要活动，要找到用户的需求“痛点”，然后为用户提供解决方案，顾客为这个服务支付一定的费用。比如咨询公司、培训和医院等，都是将帮用户解决问题作为主要业务，知识产品的设计和传递知识的人员是此类模式设计的关键。

（3）平台 / 网络。为供需双方搭建桥梁或某种交易机制。比如电子商务网站为买家和卖家的交易提供平台，并建立交易规则保证交易的安全。此类业务的关键是聚集供需两方面的资源，并建立平台的信誉。

企业的关键业务往往决定了企业采用什么样的商业模式，因此企业在选择关键业务内容时既要考虑企业本身具有的资源，也要考虑未来企业的发展方向。

3. 合作伙伴

合作伙伴将会和企业一起完成价值的创造。随着社会发展，社会的分工已经越来越细，只依靠自己的能力来进行经营活动的现代企业越来越少，和外部机构合作是绝大多数企业的选择。在与供应商合作方面，现在越来越多的企业通过为利益相关方赋能，让合作伙伴的投入能够获得更高的回报，这样的方式促进了商业模式的创新。

要学会用交易代替管理。利益相关方从事的活动不外乎两类，一类是管理活动，另一类是业务活动，即价值链环节的活动。每一个价值链环节都有其相应的管理活动，而所谓的管理活动就是为这个业务活动定目标、做计划，组织资源实施，领导、激励在计划执行过程当中的团队，并协调控制这个实际的行动和目标、计划的一致性。从事管理活动的成本一般都是交易成本。既然每一种业务活动都有相应的管理活动与之配套，那么，有时候用管理的办法去实现高效率交易的成本就会很高。因此，需要考虑的是，如何通过交易的方式去替代它，比如，让利益相关方获得剩余收益、分成收益，通过数字化实时交互等方式来交易，也就是所谓的用交易代替管理。

从刚硬到柔软。建议发展到一定程度的企业将自己变得更“柔软”——可以通过信息流撬动产品流、服务流和现金流的交易，通过信息系统整合所有业务活动，最终通过对信息流的掌控去管理整个业务流程，实现信息系统下的一体化，并完成全部交易活动。如BP公司把具体的生产和加工委托给合作伙伴，把合作伙伴变成自己的化工OEM厂商，BP公司只从事产业链整合、管理和系统集成工作。同时，其经营厂房采取租赁方式，降低非流动资产投入，生产经营现金流实行全球统一的供销匹配的信用期，以较少的现金投入撬动企业高效运转。

总之，要学会借利益相关方的势，而不是一味地自己造势。这是商业模式设计的一个很重要的原则，要顺势而为。

（五）如何获取重生价值

重生价值获取对企业来说就是盈利。盈利是企业存在的一个目的，探索适合企业自身发展的盈利模式，是商业模式创新的重要环节。盈利有两条路：一是增加收入；二是重塑成本结构。

1. 增加收入

收入模式的设计是商业模式的重点，企业收入是企业得以生存和成长的保证，是利润产生的源泉。企业可以综合考虑设计自己的盈利模式并建立合理的价格机制。企业必须找到自己的盈利模式，否则企业迟早会因失去成长动力而倒闭。以下是一些常见的获取收入的方式。

（1）资产直接销售收入。销售实体产品的所有权获得收益，如在线电商销售书籍、服装、消费电子产品和其他产品而获得收益。

（2）使用服务收费。这笔收入来自特定的使用后的服务费用。顾客得到的服务越多，他们付的钱就越多。如电信运营商的流量收费，用得越多收费越高；还有一些服务行业，你所需的服务越多，支付的费用就越多。

（3）服务订阅收费。这种收入来自销售订阅时间。视频、音频网站服务可以按照订阅时间长度来收费，时间长度与收费成正比。

（4）租赁收费。这种收入来源暂时获得使用权所支付的费用，如汽车租赁收费。对借方来说，租赁费能带来经常性的流动收入；对承租人来说，可以在限定期限内只支付费用，而不必承担购买所有权的全部费用。

（5）授权收费。这种收入来源于授权对用户的知识产权保护和授权费用的交换。授权手段可以使版权持有人通过知识产权本身获得收入。授权方式在传媒行业、创意产业、科技产业都很普遍。

（6）经纪收费。该收入来源于为双方当事人提供服务收取的佣金。例如，股票经纪人和房地产经纪人的提成就来自成功匹配买家和卖家。

（7）广告收费。传统上，传媒业和会展业的主要收入源于广告，近年来，电商、社交软件等很多产品的部分收入也源于广告。

要构建商业模式的护城河，企业需要具备多种收费方式，如果企业的商业模式仅有单一的收费方式，那意味着这个商业模式是非常脆弱的。好的商业模式要有多个产品来赚钱，当别人针对其中某一款产品跟我打价格战的时候，我还可以从其他产品上把钱挣回来。为了实现这一目标，企业需要从竞争对手、用户接受程度、价值认知等多个方面权衡。

2. 成本结构的重塑

作为商业模式的制定者和创新者，必须了解商业模式中有关成本管理的各种要素，在保证达到商业目的和满足消费者需求的前提下优化成本结构和进行成本管控，赚取更多利润。

成本是企业在价值创造过程中的投入，直接影响着产品和服务的定价。在销售价格不变的情况下，有效地降低成本就是在增加收入、创造利润。但在设计商业模式时应注意，不同行业对成本的敏感程度不同，了解以下两种商业模式的成本结构类型会对商业模式设计有帮助。

（1）成本驱动（Cost-driven）。成本驱动的商业模式侧重尽可能地降低成本。这种做法的目的是创造和维持最经济的成本结构，如最大程度自动化和广泛的业务外包。廉价航空公司就是以成本驱动商业模式为特征的。

（2）价值驱动（Value-driven）。有些公司不太关注特定商业模式设计对成本的影响，而是专注创造价值。增值型的价值主张和高度个性化服务通常是以价值驱动型商业模式为特征的。豪华酒店的设施及其独到的服务都属于这一类。

当然，还有大多数商业模式处于这两者之间。但在同等产品和服务的前提下，更低的成本肯定是更有竞争力的。如何更好地降低商业模式的成本，有以下六点可以参考。

（1）削减用户次要需求。简化产品类型，抓住用户的核心需求，突出性价比。

（2）技术性创新。不仅在产品上进行创新，更要对商业模式、管理模式和产品技术上进行创新，以增加与同质产品的区隔。

（3）供应链整合。让用户、供应商、制造商和分销商组成的网络中的信息流、物流和资金流加快周转速度，用一体化带来效率的提高。

（4）规模经济效应。通过扩大产能，在组织成本、采购成本和库存等方面取得成本优势，降低单位产品的边际成本。

（5）自动化。随着人力资源成本日益上升，企业人工成本的优势逐渐消失殆尽，而且标准化作业也逐渐地减少人力资源的投入，自动化是未来的趋势。

（6）严格财务管理。明确目标，把控过程，增加财务在企业经营过程中的作用。

总之，商业模式不是一成不变的，任何商业模式都是阶段性的。很多时候也不是一下子设计出来的，都是在过程中不断完善、进化迭代、微创新、逐步成熟的。再好的商业模式，如果长期保持不变，也会失去优势。

四、如何评价商业模式的优劣

上文对如何进行商业模式创新进行了初步探讨，经过分析，可以整理出很多新想法、新模式。可到底什么是好的商业模式呢？有没有一种方法能对商业模式进行客观的评价呢？客观来说，世界上可能并不存在一套简单易行的评价标准，但还是可以总结出以下五条简单易行的标准作为参考。

（一）创造价值

创业的本质是创造价值，商业模式的核心也是价值创造。对于一个企业的商业模式创新方案进行综合评价时，在企业资源不变的条件下，当企业价值实现有效提升时，该商业模式创新是有效的；当企业价值没有实现有效提升时，就可以直截了当地说该商业模式的创新是无效的。

要评价商业模式的价值创造能力，可以从如下七个方面进行：

（1）关注的消费者到底是谁？有没有这些消费者的详细信息？

（2）企业所关注的市场规模有多大？有可能诞生多大规模的企业？

（3）企业提供的服务和产品能解决消费者的哪些痛苦？消费者把钱给企业的动力到底强到什么程度？

（4）企业提出的商业模式有哪些关键的成功因素？有什么证据可以证明企业找到的是正确的要素？

（5）企业有什么样的证据来证明企业的目标市场具有增长潜力？

（6）未来有什么趋势会影响到企业关注的市场？会产生怎样的影响，影响是有利的还是不利的？

（7）企业能发展出把一个细分市场成功复制到另一个细分市场的能力吗？

（二）难以模仿

达尔文在《物种起源》中提到，在丛林里，最终能够生存下来的物种，往往不是最高大、最强壮的，而是对变化能作出最快反应的。商业模式是个有机的整体，单方面的创新只能是量的突变，想要质的突变则需要系统性的创新，需要各个价值环节有序地、整体地进行创新，以获得可持续性的竞争优势。另外，创新也必须持续进行，因为成功的商业模式很快就会成为其他企业效仿的对象，一旦复制成功，企业优势将不复存在。

要评价商业模式的独创性，可以从如下七个方面去判断：

（1）企业提供的产品与服务能提供哪些与众不同的利益，而且这些利益其他方案能不能提供？

（2）如果所在的行业整体较小，有没有让人信服的理由说明企业能做到与众不同？

（3）企业有什么证据证明潜在消费者会购买你的产品或者服务？

（4）新的进入者要想进入这个行业的难度有多大？容易还是困难？

（5）这个行业的供应商在交易中的地位，有没有能力来制定交易条款和条件？

（6）购买者在交易中的地位如何？有没有能力来制定交易条款和条件？

（7）替代品是否容易占领市场？

（三）持续盈利

一个成功的商业模式应具有持续的盈利能力，虽然很多互联网创新不会只求短期内的盈利，但从长远看，一直需要输血的商业模式是无法持续的。成功的商业模式能使企业在激烈的市场竞争中获得一定的市场地位，成功进入利润区，并长期停留在利润区中，从而持续地创造出高于行业平均水平的利润。

关于盈利水平，可以通过如下五个问题去进行判断：

（1）相对于所需要的资本投资和能获得的利润，企业的收入足够吗？

（2）企业通过什么样的方式去获得和留住用户？

（3）企业获得或者留住消费者需要花费多少成本？需要花费多少时间？收入是否依赖某一单一用户？

（4）企业的总利润足以支撑你所付出的成本吗？

（5）消费者付款的速度如何？可以延长多长时间支付供应商和员工？

根据以上问题，判断企业的商业模式是否具有经济可持续性，企业是否能证明自己不会很快耗尽现金流。

（四）团队执行能力

商业模式创新不仅要有新想法、新创意，更要有合格的团队去执行，否则一切想法都是水中月、镜中花。因此，需要对团队创业精神及执行力进行评价，确保团队能够有效识别并执行关键成功因素。可以从如下六个方面对团队执行能力进行评价：

（1）企业能否证明（用以往的业绩而不是语言）自己的团队可以执行关键成功因素？

（2）企业的团队是否具备无法复制或者难以模仿的专有因素，如专利、商业秘密？

（3）企业能够开发和应用其他团队很难复制和模仿的更优秀的组织、流程和资源吗？

（4）哪些关键因素是团队不能执行的？为弥补这些问题企业计划如何做？

（5）如何去构建创新创业的组织、团队？团队与现有组织、人员的关系是什么？

（6）团队能够承受多大的风险？承担多长时间的风险？

总之，一个好的商业模式一定能为用户创造最大价值，能有合适的团队有效地整合企业内外各要素形成一个有核心竞争力的运行系统，并获得持续性的收益。这样一个整体解决方案才是一个可以称好的商业模式。

第三节　市场领先者的挫折分析

传统企业之所以如此重视数字化转型，一个最大的原因是对互联网企业“降维打击”的恐惧。很多传统企业突然发现自己赖以生存的产品、服务、技能在一夜之间变得过时了，不再被市场和用户需要了。在数字化时代，这样的情况在越来越多的行业中出现，因为数字化技术是一种强大的颠覆性技术，许多在原有环境中成功的企业在数字化技术背景下折戟沉沙。

一、领先者是如何一步步被受挫的

近年来，我们听到了很多关于行业领先者衰落的故事，最具代表性的是曾经的手机王者诺基亚。十多年前，诺基亚还是全球手机的领导者，从1996年到2010年，连续14年保持手机销售世界冠军，经典的开机画面和手机铃声至今仍然让人记忆深刻。然而，苹果手机iPhone的横空出世打破了其垄断地位，诺基亚在经历了一个时代的辉煌后，逐渐从手机市场中隐退，转向了其他业务之中。

无独有偶，柯达胶卷也是另一个典型。作为一家百年企业，柯达成立于1889年，2007年巅峰时期市值一度达到310亿美元。然而短短的5年之后柯达与诺基亚一样，经过了“独占鳌头”的时期后被迫转型。

导致这些曾经的行业领先者衰落的最直接的原因就是数字化技术的冲击。当然，不同行业受到数字化技术冲击的时点不同。最早感受到数字化技术冲击的是数字化设备制造商、运营商、媒体、银行等，其次是零售、教育、医疗、物流、汽车等，而能源、矿业、钢铁、农业等相对来说受到的冲击较小。从目前来看，零售行业可能是受数字化技术冲击最大的行业。

“欲知生先知死”，要想厘清一条借助数字化技术重生的思路，首先要了解很多领先者到底是怎么“死”掉的？进攻者是如何一步步打败这些行业霸主的？其实巨头倒下并不是一夜之间的事，一项新技术要取代原有技术一般需要5～15年的时间，在这个过程中会产生很多警示，可惜的是传统企业的大意、麻痹、自负让一次次扭转局势的机会白白流失了。从时间维度看，这个新技术取代原有技术的过程可以细分为几个小的阶段，每个阶段传统企业都有不同的心态、不同的表现。

第一阶段：看不见。在最初的四分之一时间内，新技术企业开始萌芽，并开始进入原有技术占有的市场内，但由于进攻者往往规模较小，这个时候市场中原有的领先企业根本感受不到进攻者的存在，通常不会把其看作新的竞争对手。但在原有领先者的视线之外，进攻者正在攻城略地，逐步占领市场。

第二阶段：看不起。进攻者开始在市场中发声，传统企业也开始感受到新技术企业的存在，但此时新技术企业还不成熟，传统企业并不把它们放到眼里，对它们的评价基本都是负面的。此时，进攻者可能会出现一些失误，原来的领先者会因为进攻者的失败而变得更加自信，甚至会产生傲慢情绪。但是，进攻者往往不是一个人在战斗，而是一群企业在发动攻击，就算有部分企业在进攻中倒下了，但更多的企业会前赴后继地发动进攻。总体上看，这是原来的领先者最舒服的时期，经济效益不会受到进攻者的实质性影响。此时时间基本已经过去一半了。

第三阶段：看不懂。进攻者继续快速成长，传统企业开始感受到新技术带来的压力，原来的领先者所占的市场份额降低或者销售额曲线开始变得平缓，这时候的传统企业开始出现了分化：一部分企业倒闭，但它们始终认为经营不善是业务的自然周期所致，而不是新的竞争带来的。还有一部分企业随着实力最弱的竞争者的倒闭，其收益甚至出现了增长，市场占有率还提升了，在这类企业中，傲慢的情绪再度抬头。还有一些开始觉醒的企业则开始学习进攻者的做法进行变革，但却发现转型很困难，学习往往流于形式，很难真正看懂新技术的精髓。此时时间已经过去三分之二，留给传统企业的时间已经不多了，这段时间可以看作“回光返照期”。

第四阶段：来不及。在周期的最后阶段，取代的过程集中而迅速，原来的领先者所占的市场份额开始出现大幅滑坡。一旦运营利润率开始出现真正意义上的下滑，无论采取多么大胆的创新措施，都难以扭转局面。当然，此时还会有一部分市场留给传统企业，不过市场空间已经很小。就这样，数十年的行业规则被彻底改写了。直到这个时候，还有很多迟钝的传统企业仍然对用户为什么抛弃它们感到困惑不解。

这一过程近年来在很多行业重复上演，尤其是很多大型企业，面对新技术对行业的颠覆性再造过程，它们几乎都从最初的无视，到后来的傲慢，再到最后的懊悔，不断错失良机，最终只能坐以待毙，遗憾收场。

二、破坏性创新重塑企业竞争格局

关于“原来的领先者到底为什么失败”这一问题，一种通常的解释是：这些企业在成功之后，慢慢地失去了创新意识和创新能力。然而，这种指责既不公平，也没有反映真实的情况。无论是柯达还是诺基亚，它们都拥有大量优秀的研发人员，也看到了行业未来的发展趋势，它们甚至是下一代数字技术的主要发明者，因此并不缺少创新能力。那么，这些企业既看清了未来的发展趋势，也具备相应的创新能力，为什么面对变化却无能为力呢？对于这个问题，克莱顿·克里斯坦森教授在其著作《创新者的窘境》一书中有精彩的解释。克里斯坦森认为，企业的创新可以分为两类，即延续性创新与破坏性创新。管理良好的企业往往通过延续性创新推动自身发展为龙头企业，而破坏性创新是面向未来需求的。在延续性创新方面做得好的企业往往难以应对破坏性创新的挑战。

（一）延续性创新

延续性创新是指那些延续了行业对产品性能改善幅度的技术创新。成熟企业由于科研能力比较强，会更早注意到现有技术的极限在哪里，通常会提前很多年就冒着巨大的财务风险，投入研发新技术，这些技术通常是在相同的技术指标上，提供更高性能的新技术，即延续性技术。企业创造的绝大部分利润，都是来自延续性创新。延续性创新定位于要求更高的高端用户，为其提供超越当前市场水平的更优秀的产品性能，这些延续性创新都来自优秀企业年复一年的持续性改进。

延续性创新在企业创新过程中体现了企业发展的稳定性、连续性和一致性。

这是企业成功所必须具备的一般条件和特点。成功的企业一般都知道如何更好地行动，并且很好地将这种行动的认识落实到管理过程和经营过程中去。在渐进性创新的过程中，管理者忙于进行持续的渐进性变革，因而他们经常对组织进行改进，以使更好地完成自己的使命。由于这些变革引起的震动相对来说比较小，对人产生的不确定影响也是可以忍受的，因而它们所引发的矛盾和不一致是可以控制的。

但延续性创新有一个隐含假设，即只要努力就能持续增长。然而，延续性创新不可能无限持续，无论是技术、产品、组织或者企业，都有其生命周期，技术和产品的潜力都有发挥完的那一天，尤其是数字化技术往往会加速很多产品的消退，原有稳定的业务、产品，在新技术的冲击下变得日渐落伍，逐步走到了增长的极限点。

（二）破坏性创新

克里斯坦森在其著作《创新者的窘境》一书中还提出了破坏性创新的概念。所谓破坏性创新，指的是新兴企业打败在位企业的结果，往往是更为低端的技术最后实现了对拥有高端技术的在位企业的逆袭。与我们常听到的“高维打低维”“降维打击”不同，破坏性创新是“低维打高维”，是“草根逆袭”的过程。[1] 这样的案例有很多，例如日本汽车对美国汽车的颠覆，韩国电子产品对日本电子产品的颠覆，网上商城对实体商店的颠覆等。破坏性创新分为两种情况，即新市场破坏策略和低端市场破坏策略，具体如图 3-3 所示。

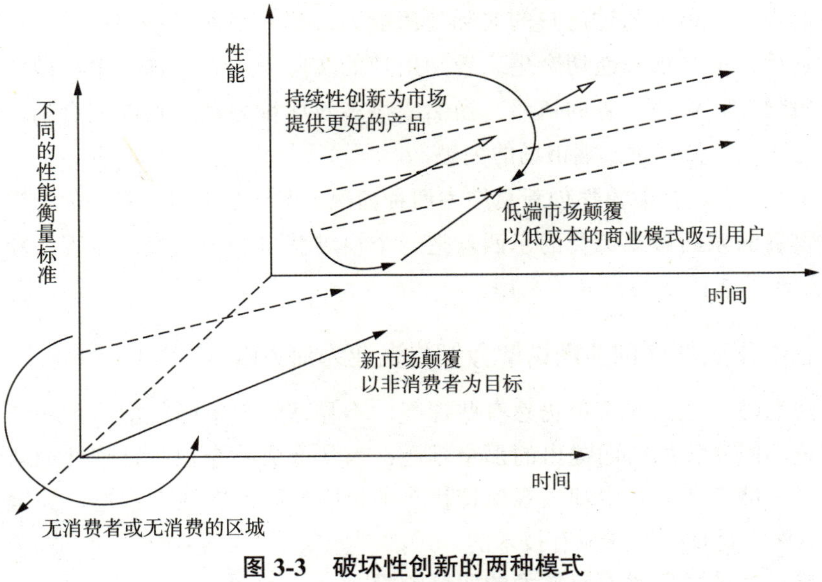

图 3-3　破坏性创新的两种模式

---

[1] 克莱顿·克里斯坦森．创新者的窘境 [M]. 中信出版社，2014.

1. 新市场破坏策略

新市场破坏策略可以被称为“零消费”策略，新市场破坏性产品本身从价格上来说就易于被接受，而且也很便于使用，因此，它们很轻松就创造了一代全新的使用人群。个人电脑公司和索尼公司合作生产的第一代便携式晶体管收音机就是新市场破坏性创新产品，它们的用户全都是新用户——这些用户从未购买或使用过之前的产品和服务。

新市场破坏性创新不正面进攻主流市场，更多的是将主流价值网络中的用户拉到新的价值网络中，因为这部分用户发现使用新产品能带来更多的便利。正因为在新市场中进行破坏性推广面临的只是拉动消费的问题，因此不会让领先企业感到痛苦或引起警惕，等破坏性创新走到终极阶段时，它们才发现为时已晚。事实上，即使在破坏者开始从原始价值网络的低端市场拉走用户时，领先企业还会因此感觉良好，因为它们自身也会通过延续性创新不断向高端市场转移，正想甩掉被破坏者偷走的这部分低利润市场。

2. 低端市场破坏性策略

根植于原始或主流价值网络中的低端市场的破坏性策略被称为“低端市场破坏性策略”。它们没有创造出新的市场，只是利用低成本商业模式，为低端用户提供简单、便捷、成本低的产品或者服务，从而迎合低端用户的需求。破坏性创新产品一旦在新市场或低端市场站稳脚跟，就会开启其自身的改良周期。因为技术进步的步伐总是远超过用户的实际使用能力，那些当前“不够成熟”的技术反而在改良后，最终恰好能切合更高级别用户的实际需求。这样一来，破坏者就走上了一条最终打败先行者的道路。当然，很多破坏行为都是双向混合的，既有对新市场的开发，又有对低端市场的突破。

基于此，有人把颠覆性创新总结为四种情况：把一个很贵的东西做得很便宜，把一个收费的东西做成免费的东西，把一个很难获得的东西变得很容易获得，把一个很难用的东西变得很简单易用。

（三）用破坏性创新理论解释领先企业为何失败

上面的破坏性创新理论仍然有些深奥、不易理解，下面就用简单的语言解释这个理论，回答我们前面提出的那个难题：为什么成熟企业在延续性创新中总是领先，而在破坏性创新中却很难保持优势地位呢？要回答这个问题，关键是要理解破坏性技术是如何取代原有技术的。

1. 破坏性技术取代原有技术的四个阶段

（1）处于市场领先地位的成熟企业首先研制出“破坏性”技术，但得不到应有的重视。成熟企业是绝对不缺乏人才的，既有高瞻远瞩的战略者，也有踏实肯干的技术、工程人员，他们时刻在追逐新技术的发展。因此，大部分领先企业完全有能力开发出新的破坏性技术，诺基亚很早就开发出了触屏手机，柯达也是数码摄影技术的开创者。但这个过程一般是由某一个或某几个工程师最早发明的，且往往是利用非正规渠道的资源研制成功的，他们开发的新产品一般技术较新，但功能简单，产品不成熟。

工程师向市场营销部门的同事展示他们的创新成果，市场营销人员也会把这些样机拿给主要用户试用，请他们进行评估，结果显而易见，这些具有破坏性技术的产品往往并不完美，不能达到当时主流用户所需要的性能要求，主流用户更多的是要求在原有技术基础上的性能改进。于是市场营销人员对新技术产品得出悲观的销售预测。此外，由于新技术产品的结构更加简单、性能一般，预期利润率也低于性能更高的产品，因此公司的财务分析师也反对开发这个新产品。面对这样的反馈，公司的高层管理人员决定将开发计划束之高阁。此时，站在营销、财务、角度看，不重视这个新技术都是基于理性做出的科学决策。

（2）成熟企业加快对延续性技术开发，新技术开始独立发展。公司接收到了用户的反馈，通常会把新技术束之高阁，并加快对延续性技术的开发。延续性技术项目满足了现有消费者的需要，并且可以针对大型市场获得维持增长所必需的销售额和利润率。尽管这通常意味着研发费用的增加，但相对于对破坏性技术的投资，这种延续性投资的风险似乎要小得多，因为消费者是现成的，消费者需求也是已知的。

但对那些发明新技术的工程师来说，很多人不想放弃这个辛苦得来的成果，其中部分有胆略的人从公司离职独立创业，自己去不断完善新产品。因此，很多领先企业成为创新企业的“黄埔军校”。当然，在这个过程中，还会有很多其他人发现创新机会，纷纷成立新公司，开始向新技术、新产品进军。

（3）破坏性技术市场在反复尝试中逐渐成形，并向高端进化。新兴企业由于技术不成熟、资金不足等压力，不太可能直接和原有的领先企业展开竞争，它们瞄准的是前面提到的“新用户”或者低端用户。这些产品尽管功能上并不完善，但对低端用户来说已经足够，这些用户快速接受了新的产品，新兴企业和新兴市场的用户一起成长。在此过程中，破坏性技术不断地迭代更新，逐渐完善。

在此过程中，成熟企业对低端市场和新兴企业对高端市场的看法并不对称。成熟企业在审视新出现的、结构更简单的产品市场时，会认为这些市场的利润率和市场规模都不具有吸引力；与之相反，新兴企业则认为，更加高端的高性能市场的潜在销售额和利润率极具吸引力。新兴企业站稳脚跟后，就会继续发展破坏性技术，使其产品逐渐满足用户的其他需求，使产品从小众变为主流，从而侵入高端市场。

（4）成熟企业决策缓慢，逐渐被替代。当破坏性新技术足以满足主流市场的需求时，成本结构更简单、性能也足够稳定的创新产品，开始在主流市场站稳脚跟。这时，原先的领先企业才意识到创新技术的破坏性，匆忙找出它们束之高阁的样机，并将这些产品推向市场，以期维护自己的市场份额和用户基础。但成熟企业发现，新兴企业已经在制造成本和设计经验上建立了不可逾越的优势，自己在设计和生产上已经完全跟不上新兴企业的脚步了。

这个发展过程与我们前面说的原来的领先者被打败的过程基本一致。可以发现，在这个过程中，处于领先地位的传统企业所做出的决策其实是非常理性的，但就是这些理性的决策导致了企业一步步走向失败。

2. 领先企业为何失败的根本原因

在《创新者的窘境》一书中，克里斯坦森教授给出的结论是：就算我们把每件事情都做对了，也有可能错失城池，良好的管理、理性的决策正是导致领先企业马失前蹄的主因。这个结论听起来非常荒谬，但却有深刻的道理。

（1）由低入高易，由高入低难。正如“由俭入奢易，由奢入俭难”一样，理性的管理者很少能找到充分的理由进入规模小、需求不明确、利润率更低的低端市场。成熟企业面对的是市场上形形色色的用户，它们确实有能力服务所有人，但总有一些用户的生意更好做、利润率更高，就是所谓的 VIP 用户，企业有强烈的欲望和动机想要扩大这部分用户的比例，这时抛弃低端用户通常是一个必然的选择。高端市场良好的增长前景和更高的盈利能力看上去总是要比固守在当前市场更有吸引力，因此企业在产品和服务升级的过程，就是一个不断放弃现有低端用户的过程。这一向高端市场移动的理性模式会在低端市场产生一个竞争真空，形成一种向上迁移的吸引力，吸引新兴企业参与竞争。

创新企业面对的本来就是低端用户，虽然这些用户目前是它们赖以生存的全部，可它们也有强烈的欲望向高端用户进军，它们清晰地体会到自己与成熟企业的差距，推出的每一代新产品都力图缩小这个差距并试图进入高端市场，以获取更多利润。正是这种不断向上的攻击性使得破坏性技术严重威胁到了成熟企业的地位。

就这样，成熟企业忽视或放弃创新企业的市场，但创新企业对成熟企业的市场却不断发起冲击，结局就是成熟企业失败。

（2）用户至上，丧失机会。关于成熟企业失败，克里斯坦森还给出了一个更加深入的解释，就是“价值网”。所谓价值网，是指相关利益者所结成的相互关系，在这张价值网里，主要的要素是用户、产品、技术和组织。真正决定企业未来发展方向的是价值网，而非管理者，真正主导企业发展进程的是企业以外的力量，而非企业内部的管理者。

用户虽然是企业最宝贵的资源，但也是企业最主要的思维盲区，因为很多企业以用户为中心，产品、技术的研发方向往往是为了满足用户当下的需求，与用户结成了一张满足当下需求的价值网。在用户产生新的需求之前，企业很难投入足够的资源来发展破坏性技术——那些不被主流用户所接受的低利润机会，但等到用户产生相关需求时，一切为时已晚。

（3）小市场不能解决大企业的增长需求。破坏性技术通常会推动新市场的诞生。相对于后来进入市场的企业，最早进入这些新兴市场的企业拥有显著的“先行”优势。但是，很多成熟企业却很难进入更新的小型市场，原因是这些新市场看起来太小，满足不了这类企业的增长需求，引不起它们的兴趣。

例如，一个市值为5000万元的企业，只需要获得500万元的收入，就能在随后一年实现10%的增长率，但是一个市值为50亿元的企业，需要获得5亿元的收入才能达到10%的增长率，很难有新兴市场能有如此大的规模。因此，当一个企业发展得越大、越成功，新兴市场所发挥的企业增长引擎作用就越弱。

对于大型成熟企业的管理者来说，即使理性思维告诉他们，这些小型市场有朝一日可能会发展壮大，但企业内部的资源分配流程，使得大型企业依然很难将足够的物质和人力资源投入到小型市场的开发上。许多大企业采取了一种“等待战略”，即等到新兴市场的规模发展得足够大时再进入，或者直接去收购一家该领域的公司。但在此类新兴市场中能成功活下来的往往只是排名第一的企业，要收购一家排名第一的新兴企业并不是一件容易的事，排名靠后的公司也往往难以在激烈的市场竞争中立足，收购的意义不大。

（4）无法对并不存在的市场进行分析。翔实的市场研究数据、细致的规划以及严格按计划执行，是良好管理模式的基本特征。在进行延续性技术创新时，遵循这些方法将使企业受用无穷，这也是成熟企业能够引领历史上每一次延续性技术创新的主因。但是，在应对能够催生新市场的破坏性技术时，市场研究人员和企业规划人员却找不到行之有效的策略。

对于那些在进入市场前，只有得到市场规模和财务收益率的量化数据，才能做出投资决策的企业来说，通常会在面对破坏性技术时变得束手无策。因为市场尚不成熟，不论是市场数据还是收入或者成本预测，实际上都不存在或无法预测。利用管理延续性技术的规划和手段来应对完全不同的破坏性技术是无效的。

（5）机构的能力决定了它的局限性。一个机构的能力主要表现在两方面：一方面是流程，也就是将劳动力、资源、原材料、信息、现金和技术投入，转化为更高价值的产出的方法；另一方面体现在价值观，这是全体成员在做出优先决策时所遵循的原则。从本质上看，流程的建立是为了让员工持续不断地重复完成任务。这就意味着，机构用以创造价值的机制从本质上来说是排斥变化的。所以，成熟企业所拥有的资源，能够保证它们在延续性技术和破坏性技术创新两方面双管齐下，但这些企业的流程和价值观，却决定了它们无法成功地进行破坏性技术创新。

正是这些原因造成了创新者的“窘境”，导致领先者折戟沉沙。这也成为很多传统企业的噩梦，它们担心自己有朝一日也会被不明竞争者颠覆。

第四节　数字化时代的企业创新战略

分析领先企业失败的原因，在理解了其中的逻辑后，传统企业就要尽快采取措施避免重蹈覆辙。那需要采取什么措施才能做到这点呢？答案是启动第二曲线创新，制定双元数字化创新战略。

一、开启第二曲线创新征程

（一）第二曲线的基本内涵

每一种技术的增长都是一条条独立的“S 形曲线”，一项技术在导入期进步比较缓慢，一旦进入成长期就会呈现指数型增长，但是技术进入成熟期就走向曲线顶端，会出现增长率放缓、动力缺乏的问题。而这个时候，会有新的技术在下方蓬勃发展，形成新的“S 形曲线”，最终超越传统技术。因此，新旧技术的转换更迭，共同推动形成技术不断进步的高峰，从而带动“新经济”的发展，这就形成了第二曲线的理论。

第二曲线理论最早是由英国管理学家查尔斯·汉迪提出的，查尔斯·汉迪认为：任何一条增长的 S 形曲线，都会滑过抛物线的顶点（极限点），持续增长的秘密是在第一条曲线消失之前，开始一条新的 S 形曲线。此时，时间、资源和动力都足以使新曲线度过它起初的探索挣扎的过程。为了便于区分和理解，将前一条 S 形曲线称为“第一曲线”，将新的 S 形曲线称为“第二曲线”。近年来，混沌大学李善友教授在国内不遗余力地进行该理论的深入研究与推广，使得该理论逐渐被广为人知，以至于现在很多企业都宣称要启动第二曲线的创新。

第二曲线理论与克里斯坦森的破坏性创新异曲同工。所谓第一曲线，就是延续性创新，这种创新是沿着既有通道的创新，如对现有技术的持续改进、产品的升级迭代、流程的不断优化等，通常表现为线性增长。第二曲线就是非延续性创新，是从一个经济结构向另外一个经济结构的转换，这种创新往往能够带来指数级增长。

延续性创新致力于在原有技术领域进行不断的完善和提升，努力做到更好、更快、更强，以更好地满足现有主流用户不断增长的需求。延续性创新有一个隐含假设：只要我努力，就能够持续增长。但实际情况并不总是这样的，无论是技术、产品、组织或者公司，随着持续的增长一定会到达增长的极限点，处于极限点时，即使投入再多的人力、物力和资源，产出率将会不增反降。因此，企业领导者需要有敏锐的市场洞察力，制定面向未来的创新战略，推动企业走出加速成长的第二曲线。

近年来，数字新技术对很多行业来说都是重大的技术非延续性变迁。诺基亚、柯达等公司的衰落就是因为没能跨越模拟技术向数字技术的转变导致的。历史也证明，当新的技术潮流来临时，引领当前技术潮流的企业很少能够保持自己的领军地位。如《创新：进攻者的优势》作者福斯特就统计过，在两种技术出现的断裂期中，原来的领军企业 10 个大概有 7 个要被取代。

经典战略理论认为企业应该“坚守本业”。企业的成功建立在一组独特的竞争技能上，而这种技能要用许多年才能积累出来。因此，企业应该始终坚持做自己的核心专业领域，而不要轻易转到新的领域。这种理念在技术稳定发展时是合适的，但在新旧技术快速变革更替的时期，成熟企业却常常会因为傲慢、迟缓而被抛弃。企业要想避开这个陷阱，就必须善于发现并尽早利用这类颠覆性技术，这就是第二曲线理论的关键所在。

（二）业务创新组合策略

企业要想真正做到基业长青，就需要在第一曲线和第二曲线之间做出合理的组合管理。例如，谷歌公司就应用了一个鼓励创新政策，叫作 70/20/10 原则。谷歌将 70% 的资源用来加强其核心业务，用 20% 的资源专注于拓展核心业务，剩下的 10% 被分配给一些长期看来可能很重要的边缘概念上。该政策确保谷歌在不断提升其核心的搜索和广告业务的同时，仍有足够的资源去开发新的服务并推出实验性产品，简言之，70/20/10 原则就是将资源在现在—接下来—未来之间作出合理分配。

遵循这样的比例，企业才能通过现有第一曲线的持续发展维持稳定的地位，又能够通过第二曲线创新应对来自其他企业的颠覆和跨界打击。

对于这一观点，加里·哈默先生有一个生动的比喻：管理者最好将自己视为牧场主，以草为生的牲畜总是在不停地迁徙。牧场主的忠诚既不体现在某块草地上，也不体现在某种牲畜上：当一块草地被吃光后，他们会赶着牲畜继续迁徙；如果某个牲畜掉队了，就会被宰杀。随着时间的推移，整个牲畜群实现了新陈代谢，衰老的动物被送往屠宰场的同时，又有新的幼崽不断出生。业务的变更也是这样一个不断更新换代的过程。

总之，数字化时代，企业要构建一套均衡的组合式创新策略，在基于现有成熟业务的连续创新业务、针对未来的前沿风险（非连续性）业务之间寻求一个合理的平衡点，两条曲线不断交替进化才能确保基业长青。

（三）怎样才能创造出第二曲线

第二曲线创新往往是非延续性技术实现的突破性创新。突破性创新是企业在技术、管理等方面的间断性和跳跃式的创新，如石英表取代机械表，航空公司由提供运输转为提供服务。突破性创新是企业发展的关键机遇，但由于其高度的不确定性导致了其过程的高风险性。企业需要进行审慎规划，需要准确把握下一次颠覆性技术浪潮到来的时机。或许只有在经历一系列重大失败之后成功才会到来，关键在于最大限度地增加创新机会，减少失败次数。

实现第二曲线创新的关键思路有三点：第一是思考现有成熟的新技术可能带来的创新机会；第二是从用户需求入手，分析需求未被满足的最大空间在哪里；第三是分析行业中新出现的颠覆者，哪些公司最有机会构建何种新产品和新服务。

第二曲线创新应该是在原有业务中由于技术、模式的变化自然生成出来的新业务，用李善友教授的理论来说就是分形创新。第一曲线是企业的主营业务，在发展过程中会产生无数的次级创新，表现为无数的小 S 形曲线，所有的小 S 形曲线都在促进企业主营业务的增长。当其中某些次级创新受到消费者、市场或者资本等的青睐时，就有可能成长为第二曲线。

可以说，第二曲线创新的指数级增长并非从无到有地创造，而是在第一曲线里注入创新，当环境发生变化时，很可能其中某个子创新就会成长为第二曲线，新业务是创新的自然结果。因此，一定要专注于第一曲线，也就是原有的业务，但是要在其中不断探索创新。

那些貌似天才般伟大的创新，其实都源于第一曲线的分形创新。例如，亚马逊最初只是一家网上书店，后来发展成为全球商品品种最多的网上零售商和全球第二大互联网企业。为了应对全球用户的高并发访问需求，亚马逊开发了自己的云平台，后来云平台对外开放，取得了成功，就连其竞争对手苹果公司也要依靠 AWS 为其提供云服务。这就是一个典型的通过原有业务分形创新成长为第二曲线的案例。

二、构建双元数字化创新战略

前文提到，企业的数字化创新要在两条曲线之间保持平衡，也就是说，要在以延续性创新为代表的第一曲线创新和以非延续性创新为代表的第二曲线创新之间保持平衡。变革大师约翰科特在2018年的《变革加速器》一书中就提出“一个组织两种模式的双元驱动系统”，核心强调的是今天组织的主营业务不能撼动，须维稳保住存量同时激活增量，组织既有科层的机构去维护它的传统业务和主营业务，同时又能产生一个不断去激发创新的新生系统，反哺主系统。但这对企业来说是有很大难度的，就像我们平常说的“脚踩两只船”，一只可能是落后的木帆船，另一只却是先进的快艇，企业要能同时驾驭这两艘船，并且乘风破浪、一路前行。

（一）双元创新战略

所谓双元创新战略，是指企业使用一定的管理手段，增强探索式创新和利用式创新的协同作用，抑制探索式创新和利用式创新的冲突，从而同时在较高水平上实现探索式创新和利用式创新。实施双元创新战略的企业，既具有较高的探索式创新水平，也具有较高的利用式创新水平。

本书所指的双元创新的概念是在组织双元性理论的基础上提出的。组织双元性理论指出，成功的企业必须是双元的，一方面企业通过探索式创新寻找新机会、开发新市场和研制新产品，着眼于未来的发展；另一方面企业通过利用式创新把握现有机会、改进现有产品和满足现有顾客的需求，着眼于当前的稳定发展。

在这个过程中，企业的转型策略可以用四个字概括：守正出奇。所谓“守正”，是针对第一曲线而言的，要利用常规技术、常规思路进行延续性的创新，延迟“极限点”出现的时间，尽可能延长现有业务的生命。所谓“出奇”，则是针对第二曲线创新，要利用技术实现产品、模式的突破性创新，为企业赢得全新的增长空间。在这样的背景下，企业需要构建一个双元的数字化创新战略。

坚持双元战略是一种继承与创新并重的思路。传统产业运行多年肯定会积累很多的成功经验，很多经验并不会随着新技术的诞生而被抛弃，例如汽车产业近百年来形成的重视安全、舒适、耐久、可靠等特性不会变，只会随着新技术进一步强化。因此，也不能过于强调新技术而忽视了传统的经验。在转型变革的关键时期，更要重视承前启后的战略重要性。正如李书福所言：在汽车领域，我们既要保持传统核心能力的优势，比如传统机电能力优势、传统品质控制优势、成本控制优势等，又要开创新的革命性优势，比如人机交互、无人驾驶、中央计算、换电充电基础设施、能源管理、智能出行、工业互联等。我们既不要急于求成，鲁莽行动，也不要故步自封，自我陶醉，而要发扬传统优势，继续做强节能汽车升级转型。

（二）如何构建双元创新战略

在双元创新战略下，企业要同时构建两套企业运营机制。在第一曲线创新策略下，企业需要构建稳定的机制，延续经营的文化，流程、组织、IT 架构都要尽量保持平衡。在第二曲线创新策略下，则要构建创新的文化和流程、独特的组织模式和灵活的 IT 架构。这听上去很容易，但做起来很难，因为创新和管理之间存在着某种不可调和的矛盾。创新在于寻找下一个市场，而管理的要义在于让现有市场效果更大化。要解决这一问题，需要将资源投入到不同的领域，在现实和未来之间做出平衡的选择。一个科学的创新矩阵可以提供一些指导，其创新主要分为以下三级。

（1）运营体系持续优化，即对现有运营体系和产品参数进行优化，跟随技术发展步伐持续提升现有产品性能，而业务体系和产品本身一般不会有本质性的转变。其主要着眼点是优化现有运营模式和传统存量业务，价值创造和传递活动主要集中在企业内部价值链，采取的措施主要是依靠规模化、集约化等来降低成本、提高效益。

（2）产品和服务创新，即结合新技术和新模式创造优化的产品和方案，主要专注于传统业务的延伸服务。主要依靠沿着产品 / 服务链延长价值链，开辟业务增量发展空间，例如从做产品向提供服务转型，依靠服务带动产品升级就是典型做法。

（3）重新定义，即创造前所未有的产品或模式。在这个阶段商业模式会发生颠覆式转变，企业会专注于发展壮大数字业务，形成符合数字经济规律的新型商业模式，相应地也要求企业开放业务生态，构建更大的平台，与生态合作伙伴共建新的生态关系。

其中还界定了从内到外需要协同和调整的范围。在这个创新矩阵的基础上，对于新产品的创新程度就有了清晰的认识，越是偏向右上角的事项，不确定性越高，需要投入的资源越大，潜在的收益也越多。

根据这一矩阵，不同企业在不同阶段要采取对应的策略，如在企业经营比较困难时，首先要考虑的是自救，这时就应该把主要精力集中在调整创新上，即矩阵中风险最低的部分，也是最容易获得回报的环节。当创新获得动力并开始产生利润时，就可以尝试更加高级、更有野心的行动，即重新配置和重新定义的创新。

在任何一个阶段，领导者必须重新审视各阶段业务的投资比例，确保彼此之间的平衡，创造出能够均衡各个生命周期的业务组合。管理的关注点是回报的多少和成功的可能性，要能够在保证稳定性的同时又让自己有足够的灵活性去探索有风险的新领域。

另外，转型绝对不是简单地从 A 到到 D，而是从 A 到 A+，再到 A++。这就需要领导者识别第一曲线创新和第二曲线创新之间的协同效应，如果第一曲线创新到第二曲线创新没有业务的关联性，没有业务的协同性，转型也很难成功。

三、数字化创新战略的内容框架

一个好的数字化创新战略需要起到“见终局、揽全局、知时局、应变局”的作用。具体来说，完整的数字化创新战略需要考虑以下几个关键点。

（一）解析数字化对于行业的影响

企业应首先聚焦分析数字化给所处行业带来的影响。数字化的影响是多方面的，从产品服务层面、运营层面到商业模式层面都可能出现变化。企业要保持开放的视野，同时愿意积极拥抱数字化带来的变化。如果眼界不开、不远，企业就形同于只拉车不看路，即使看路了，也看得不远、不透。不能在战略规划过程中，只看自己想看的、只听自己想听的。战略规划一定依赖于三个要素：大趋势的理性判断，对于行业竞争的深刻理解，对自己核心竞争力的把握。

（二）锚定数字化创新战略愿景

在梳理数字化的影响后，企业需要进一步明确数字化的战略愿景。企业需要具体论述在数字化的影响下，自身的价值主张、竞争优势以及希望达成的目标。真正的目标，既是眼界的路标，又是前行的灯塔。一个比较优秀的目标是“跳一跳就能够到，但是需要使劲跳”，这样的目标来自于以下三方面的支持和确认：你能够整合资源（人财物）的潜力有多强；目标如果不能实现，公司能否生存或是否会被淘汰；围绕实现这个目标你做了怎样的准备。

（三）规划数字化创新战略的核心举措

在规划数字化创新战略的核心举措上，企业需要重点关注以下三个方面。

（1）商业模式创新。这是数字化转型 2.0 阶段的主要工作，数字化转型要在未来几年真正带来商业模式的创新，推动核心业务适应数字化时代的要求，在保持现有业务的基础上真正开启第二曲线创新。

（2）运营模式创新。传统企业一般没有构建起科学、统一、高效、智能的内部运营体系，在数字化转型中，要重点在全渠道用户统一运营、平台化运营、数据驱动运营等方面有所突破，实现业务运作的提质增效。

（3）IT 整体架构优化。企业架构是随着商业模式和技术发展不断变化的，数字化转型 2.0 阶段，企业架构最显著的特点是从纵向烟囱式系统向横向转型，中台架构将是未来 IT 架构的核心，中台的实施将带来总体架构的进一步变革。

（四）明确数字化创新战略的保障机制

在明确了数字化创新战略的愿景、核心举措之后，还要为战略实施设计落地的保障机制，这些保障机制是战略执行的软性因素，但往往也是最关键的因素。这些保障机制包含组织与人员、变革领导力、数字化投资、文化变革等。

（五）明确数字化创新战略的路径和破局点

最后还要围绕数字化愿景，从用户体验优化、运营效率提升和新商业模式拓展等需求梳理数字化创新的项目，并根据项目的影响力和可行性对其进行优先级排序。这其中最重要的是寻找数字化创新的切入点，就是从哪里入手。找到了切入点，就会有优势资源聚集，也就掌握了整合资源的原则和路径。

第四章　数字经济时代下企业转型的规划

第一节　数字经济时代下企业转型的顶层设计

一、明确数字化转型的愿景和使命

愿景、使命、宗旨和核心价值观是决定企业发展的关键问题。企业愿景是企业创始人、最高管理者对企业未来发展的愿望和方向，直接决定企业的发展面貌；企业使命是企业的经营理念，是达成企业愿景的方式方法；企业宗旨是企业对客户的服务标准，是完成任务时的行为规范，是对社会发展作出贡献的理论依据，表明了企业存在的意义；企业核心价值观是企业在愿景、使命、宗旨的基础上奉行的价值取向和观念，能够凝聚员工力量、规范企业行为。

企业在进行数字化转型时为了明确数字化转型的未来设想、责任任务、行为规范和方式方法，顺利开展数字化转型战略中的各项工作，需要严格以企业数字化转型战略的分析结果为基础，建立科学的理论体系和思想方法，明确企业数字化转型的愿景、使命、宗旨和核心价值观。

（一）明晰数字化转型的愿景

企业愿景能够为企业指明发展方向、明确发展目标、阐述存在的意义，并解答企业怎样发展和朝着哪个方向发展等问题。如果企业数字化转型没有明确的愿景，就不能规划出科学的转型路线，最终也不会获得确定的转型结果。那么，企业应该如何制定清晰明确的数字化转型愿景呢？

1. 站在未来看现在

新一代数字技术的快速发展推动了在全球范围内开启的第四次工业革命，在这个时期，企业传统的生产方式、管理方式将会完全发生转变，数据与产业将会全面融合，工业经济即将分崩离析，数字经济会迅猛发展。在未来的5年～20年内，第四次工业革命将会以指数般的速度改变企业的生存环境和运行体系。

在这种形势下，企业必须面向未来进行数字化转型，构想企业未来10年、20年的发展形态，探寻企业在数字经济时代的核心竞争力并设计企业数字化转型愿景。

2. 立足现在看未来

企业的数字化转型目标短时间内是无法实现的，需要经历漫长的时间，因此，企业应确立面向未来迭代数字化转型的愿景，以对自身状况的详细评估为基础，结合目前的资源和优势，对企业自身、整个行业、整个产业的发展趋势和数字化发展进程进行推敲，确保该愿景能够对企业未来10年、20年的发展提供科学指导，为企业的数字化转型规划一个准确的发展方向。

（二）确立数字化转型的使命

最终要达到的发展状态是企业在未来较长一段时间的发展目标，也可以将其称为企业使命。企业数字化转型使命的确立可以增强全体员工对数字化转型的急迫心理，促使各级员工主动思考并承担其在数字化转型过程中的职责，一同促进企业数字化转型的实现。

企业是社会的组成部分，企业在确定数字化转型使命时不但要在整个社会生态环境下对企业、行业、产业之间的关系进行充分考虑，同时也要考虑企业、社会、客户等生态体系。换个角度来说，如果采用某种方法解决某个社会问题是企业的使命，那么采用某种方法解决企业、客户、供应商等生态关系链上各类主体的系统问题与业务难题就可以被定义为企业数字化转型的使命。

根据企业的实际情况确定数字化转型使命还要综合考虑企业内部、外部两个方面的因素：首先是内部视角，企业数字化转型使命要根据企业内部存在的问题来提取归纳，要能够体现企业特色。例如，促进各项业务实现互联互通、促进各类数据实现融合共享、提高组织运行效率、提高企业运营的精细化程度和智能化水平、实现软硬件协同运行、实现数据业务双向驱动等；其次是外部视角，企业应对客户、供应商、营销商、第三方服务商等各个主体在企业数字化转型过程中呈现出来的问题进行仔细剖析，把握这些主体在企业数字化转型过程中的需求，从而形成像网络协同、开放共享、数据互通的跟企业生态一样基于外部视角的企业数字化转型使命。

二、明确数字化转型的战略定位

企业在进行数字化转型时，首先要明确数字化转型的战略定位和具体目标。在这个过程中，企业要立足于数字化转型战略，对发展现状、技术发展趋势、行业发展趋势、消费者需求的变化趋势等多项因素进行综合研究，确立符合企业发展实际和行业发展趋势的数字化转型目标。

企业数字化转型战略定位的确定对数字化转型工作能否顺利开展有着直接影响，有准确的定位才能顺利进行数字化转型，好高骛远或只专注于眼前都不能保证数字化转型战略定位的准确性。企业要根据自身的实际情况决定是采用进攻型战略、保守型战略还是撤退型战略。企业若是采用进攻型战略，就要全力以赴、跨步前进；若采用保守型战略就要按部就班、稳步推进；若是采用撤退型战略，就要退出低效竞争，或彻底打破原本的模式和战略，实现数字化变革。

企业的数字化转型定位与商业定位同等重要，因为企业需要根据定位确立阶段性目标后才能推动数字化转型有序开展。企业在确定数字化转型定位时要对以下几个方面进行综合考虑。

（一）数字化转型，不能当作 IT 的转型

数字化转型战略的制定者必须明确企业数字化转型不单纯是 IT 转型，企业数字化转型应该是自上而下、由内到外的整体性、系统性变革，IT 转型只是实现数字化转型的一种方法。然而，由于认知偏差，有的企业管理者就会本末倒置，让 IT 部门直接负责企业的数字化转型，将企业的数字化转型对等为 IT 系统的转型。因此，企业应该从整体出发明确数字化转型的战略定位。

（二）全面评估数字化战略的影响力

企业要想拥有精准的数字化战略定位，就必须对所处的竞争环境以及竞争环境可能发生的变化有全方位的认识。

数字技术的应用会彻底颠覆企业原有的商业形态，因此，企业在确定数字化转型的战略定位之前，必须对数字化转型可能影响包含企业、客户、供应商、合作伙伴的生态系统作出全面考虑。企业必须明确数字化转型可能带来的问题，例如，数字化将会促进哪些新产品或新服务的产生，会产生哪些新的竞争对手等，只有明确这些问题，企业才能对数字化转型战略做出准确定位。

（三）了解自身的数字化转型抱负

巩固现有优势也好，获取新的竞争优势也罢，但凡企业想要明确数字化转型

的战略定位，就必须明确数字化转型的目标。在数字经济时代，第一个吃螃蟹的人和第一批追随者往往能占据先发优势，并通过网络效应放大这种优势，形成赢者通吃的局面。由此可得，数字化转型的根本目标是改变价值创造方式，所以企业要根据自身的发展目标明确数字化转型的战略定位，只有快速反应才能实现既定的发展目标。

三、制定数字化转型的目标体系

（一）总体转型目标

企业要综合希望通过数字化转型达到怎样的发展状态确立总体转型目标，并明确以下几个问题：是企业实现全面数字化，还是个别部门实现局部数字化？是沿用传统的商业模式、业务体系，还是打造新的商业模式、业务体系？不过，无论企业确立什么样的目标，都要对此作出明确界定。

（二）加强客户体验的目标

坚持以客户为中心，迎合数字经济发展趋势，呈现全新的企业形态，是企业数字化转型的重点内容。企业在制定数字化转型目标时，要重点考虑采取什么样的方式改善客户体验，怎样带给客户更优质的产品或服务。

（三）改进企业决策的目标

数字化转型可能改变企业原本的决策体系，削弱领导者的权威，让数据在决策中发挥重要作用。数字化转型战略的制定者必须明白自动化决策、分布式微决策可能对现有决策体系造成的冲击，积极进行思维转化，制定企业决策体系的数字化转型目标。

（四）降低成本的目标

降低成本是企业引入数字化技术、开展数字化转型的一个重要目标，这个目标可以细分为产品设计、生产制造、营销、运营、管理、人力等项目，并通过制定各个细分项目的目标明确总目标。

（五）提高生产力的目标

在企业数字化转型过程中，提升质量和增加效率是衡量企业数字化转型价值的重要指标。可以参考行业领先企业提质增效的方法与经验，对企业提质增效的业务环节进行细分，创建一套涵盖短期目标、中期目标和长期目标的目标体系。

（六）改进安全减少风险的目标

企业在数字化转型的过程中，务必对生产作业流程进行数字化改造。企业只有保证生产安全，减少数字化变革引发的潜在风险，才能使数字化转型顺利进行。因此，企业必须从自身的实际情况出发，围绕提高安全、减少风险制定详细的责任目标。

（七）提升客户获取和留存的目标

企业在数字化转型的过程中，借助互联网、大数据、人工智能等技术对营销体系进行革新，为客户获取、留存与激活提供了新方法、新途径，充分体现出数字化变革的价值。因此，企业要着重掌握数字化转型对客户获取、客户留存的价值，以科学的方式制定围绕客户获取与留存的目标。

（八）数据驱动数据应用的目标

在数字经济时代，数据对企业来说是主要的生产要素。因此，企业在数字化转型的过程中要格外注重数据的核心驱动作用，从数据采集、数据治理、数据应用等环节切入，明确数据驱动、数据应用的目标。

（九）提升销售增加收入的目标

企业能否成功进行数字化转型有多项评价指标，是否实现销售增长和收入增长就是一项重要指标。因此，企业在制定数字化转型的目标体系时要重点考虑数字化转型对销售收入增长的作用。

（十）新技术管理和应用的目标

企业数字化转型的实现离不开技术的支持，因此，企业在进行数字化转型时既要积极引入新技术，也要管理好新技术，借助科学的应用与管理体系充分发挥新技术在推动产品创新、业务创新方面的积极作用，制定新技术应用与管理目标，在技术层面为企业的数字化转型提供强有力的保障。

四、数字化转型的宗旨与价值观

从本质上看，企业数字化转型的根本思想与发展路线，既是企业进行数字化转型的宗旨，也是企业实现数字化转型过程中所要遵循的基本准则。企业的数字化转型应该以客户为中心，主要解决为客户提供何种价值，以及以何种方式为客户提供价值的问题。

（一）企业数字化转型的宗旨

企业数字化转型的宗旨需要考虑以下四个方面的因素。

1. 客户核心价值创造

在客户核心价值创造方面，企业要思考数字化转型能带给客户什么样的价值，能让客户享受什么样的便利，能对客户价值交付方式、交付成果产生什么样的影响等问题，因为这些问题将会是企业决定数字化转型宗旨的重要因素。

2. 客户体验

企业的数字化转型将对客户的体验造成什么样的影响？将以什么方式改善客户体验？将对企业与客户的触点网络连接方式造成什么改变？将采取什么方式让客户享受更加优越的全程体验。这些问题对企业数字化转型宗旨的确定也有着重要影响。

3. 产品体系

企业需要立足于产品视角对数字化转型宗旨进行思考，例如，在数字化转型的过程中如何对产品交付方式进行数字化改造，如何提高对客户进行产品交付的效率，如何让客户切身体验产品交付方式的变革。

4. 客户互动模式

在数字经济时代，企业与客户的关系将发生巨大改变。传统的企业与客户是相互独立的，彼此之间没有形成紧密的联系；而在数字经济时代，企业与客户逐渐形成互补、共建、共生的关系。因此，企业的数字化转型必须思考如何实现企业与客户的共享共建，如何增进企业与客户的联系，让二者建立共生关系，最终形成客户应用场景驱动的增长模式。这也是在企业与客户的互动视角上对如何确定企业数字化转型宗旨进行的思考。

指导企业数字化转型的思维方式与行动指南就是企业数字化转型的核心价值观，这对企业的数字化转型行为有着直接影响。由于价值观深刻影响着思维方式，所以只有正确的思维方式才可以引发积极的行动，把事物向着预设的发展方向推进，从而实现预期目标。

企业数字化转型的核心价值观还能作为枢纽发挥作用，它可以连接企业所有部门及其员工，既为企业的数字化转型提供内在驱动力，也为企业数字化转型行为的规范奠定良好的基础。

企业数字化转型涉及方方面面，需要通过新兴技术对企业的商业模式、组织形式、业务、运营、生产等进行改造，在利用技术革新客户生态和合作伙伴生态的过程中也可能涉及技术伦理等问题，给企业造成不可挽回的损失。解决这些问题最好的方式是树立正确的价值观，在根源上避免这些问题发生。

（二）企业数字化转型的核心价值观的塑造

对企业数字化转型的核心价值观的塑造需要考虑以下三个方面的内容。

1. 技术向善

虽然技术本身不能用是非曲直判断，但人们利用技术改造业务的行为却有是非之分，有的行为可能对企业或个人造成毁伤，尤其是企业数字化转型运用许多包括互联网、人工智能、大数据、区块链等在内的新技术，这些新技术有越广的应用范围、越深的应用程度，就会对客户与业务产生越大的影响。企业在确定数字化转型的核心价值观时要重点关注技术伦理问题，把技术向善作为首要考虑条件。

2. 以用户为中心

用户是企业发展的基石，是企业数字化转型的起点和落脚点。企业数字化转型的目的是优化用户体验，因此，企业数字化转型要侧重用户体验、用户需求与用户服务，明确以用户为中心在整个价值观体系中的重要位置，为企业的数字化转型提供科学指导。

3. 肩负社会责任

在数字经济时代中，企业与社会、用户、公共服务的界限越来越模糊，企业将会在社会活动中占据主导地位。数字化转型使得企业与社会的关系更加密切，让企业享受到数字经济时代的各种红利，同时企业也必须承担相应的社会责任，通过自身的数字化转型促进整个社会获得更大的发展。

第二节　数字经济时代下企业转型的实施方案

一、战略体系：构建数字化转型框架

数字化转型战略是企业总体战略中不可忽略的重要组成部分。企业的数字化转型需要统筹兼顾现有的总体目标以及与之相对应的战略体系，并对企业现有的战略目标进行优化和升级，让数字化转型在深入融合企业战略目标的过程中，更加持续稳定地推动新时代企业战略目标的实现。

企业的数字化转型战略包括数字化转型总体战略和数字化转型分战略。其中，总体战略又囊括企业的盈利模式、商业模式、定位目标以及愿景、使命等与企业运营相关的方方面面；而数字化转型分战略可以从不同层面进行划分。

（一）数字化转型的总体战略

一个企业想要长期持续获得行业竞争优势，必须与时俱进，一些方向性、全局性的重大决策往往会直接影响企业成功与否，而在战略指引的基础上开展数字化转型无疑能使企业战略目标转化成功的概率大大提高。

从某种意义上来说，企业数字化转型的总体战略在高层次上与未来直接挂钩，是对企业数字化转型的具体步骤进行筹划和指导的总方案。企业进行数字化转型的愿景和使命、定位、目标、新商业模式、新业务模式、新管理模式等共同构成了企业数字化转型的总体战略。

（二）数字化转型的分战略

1. 组织战略

企业数字化转型的贯彻实施应该以组织变革为重要保障，在研究优秀的组织架构及其运行特点，制定组织转型的总体转型战略、目标、任务时，都应该将数字化转型作为首要的战略目标，以确保组织变革从管理层到各部门再到每个员工都得以贯彻和落实，让组织在变革中不断创新，并从源头为组织注入活力。

2. 业务战略

企业数字化转型的本质其实就是业务转型。通过数字化转型推动业务变革、流程再造和业务模式创新，是企业从业内领先企业或数字化转型成功企业的业务变革和流程再造及模式创新中汲取经验的最优选择。数字化转型能在科学制定业务的战略之上结合自身业务体系，业务转型战略的科学制定是数字化转型的核心内容。

3. 用户战略

以用户为中心的智慧化企业的构建作为企业数字化转型的主要目标在企业数字化改革中发挥着不可替代的作用。如何转变原有战略，将过去的以产品为中心转向以用户为中心，是企业在数字经济条件下应该重新思考的问题。企业应该以用户全流程的体验为基点，对当前客户战略的缺点和不足进行全面的评估和审视，制定的用户战略在符合自身业务特色的同时，也应兼顾其对于用户价值的重塑。

4. 网络战略

推动数字化转型离不开内外网络的打通、企业资源和企业生态要素的实现，以及实时在线、互联互通。企业在进行数字化转型的过程中，需要把从生产制造、供应链到运营管理、市场营销等各个层面的网络战略放在一个战略性的高度进行考虑和研究，以制定企业级的网络战略为目标，从一个全新的角度参照领先企业的互联网、物联网、混合云等网络化改造的成功实践，审视企业当前的互联网化程度。

5. 数据战略

企业在数字化转型推动生产方式的变革中，必须充分认识数据的重要性，以数据作为主要生产资料是企业转型的重要标志。

企业要在数据采集、数据治理、数据建模、数据分析、数据应用、数据增值等数据全生命周期中，发挥数据驱动业务创新方面的重要价值，汲取行业内外领军企业的成功经验，把数据战略放在企业数字化转型的核心地位，让数据在开放共享、融合协同、创新应用中得以统筹，并使得既定的数据战略在数字化转型的过程中进一步充实和完善。

6. 智能战略

随着 AI 技术在传统产业中的加速应用，其在驱动企业创新发展方面呈现出指数级增长，而人工智能企业的成长特点也代表了未来企业的发展方向。

促进人工智能战略的布局是所有企业的当务之急，而如何从企业的各个业务环节中推动人工智能技术的运用，将各类在市场上业已成熟的业务机器人加快引入是做好转型的关键，人机协同、增强智能和辅助智能的应用也应该持续性推进，将智能化改造与企业业务发展相结合，推动传统的业务转型升级，在数字化转型的过程中将人工智能的战略目标明确化，并使整个企业在此基础之上收益最大化。

7. 知识战略

当今时代是一个数字化的时代，知识体系将成为企业最宝贵的财富，而业务知识的数字化改造也是企业实现提质增效、降低成本、创新发展的核心动力。因此，企业应该把知识战略作为数字化转型战略的重中之重，并在此基础上全面梳理研发知识、设计知识、产品知识、客户知识、售后知识、解决方案知识、规则制度知识、合约知识和财务知识等各类知识，以数字化转型为契机，加快完善企业知识战略，为企业知识管理的应用和知识驱动体系的建设打下坚实的知识体系基础。

8. 技术战略

在新时代的数字化转型中，技术是转型的核心驱动力，但传统企业无论是在技术管理上还是在应用体系上都十分缺乏，很多企业甚至没有单独的 IT 部门，以至于在数字技术的应用、管理以及技术体系的构建等方面十分被动，在相关领域的地位也岌岌可危。

因此，企业应主动出击，以构建一个自研驱动、采购辅助、SaaS（软件即服务）融合、外包协同、技术顾问等多种形式相结合的企业技术生态体系为目标，变被动为主动，以超前的技术战略应对风险和挑战，将互联网、物联网、大数据、人工智能、5G、云计算、区块链等先进的数字技术纳入企业的技术管理应用体系。

9. 增长战略

增长作为衡量数字化转型价值的重要指标是企业转型过程中的重要动力。企业应将数字化转型作为契机，建立并实施首席增长官制度，在制定企业级增长战略的同时，将总体增长目标和各部门、各业务条线的增长目标进一步明确，协同推进增长战略和数字化转型的其他战略，并将其融合在一起，作为主要驱动力，不断推动企业数字化变革，促进企业全面转型。

二、路径规划：战略实施的五个步骤

企业在战略实施的过程中需要一个为企业量身打造的行动方案，即从企业愿景、定位、目标和战略体系等各个维度制订的具体行动计划，并生成战略实施方案。

企业找到有效的数字化转型途径之后，需要在确定数字化转型的战略目标的同时，确认产业有效的人才、资金、技术等各类资源。为了实现战略目标，企业数字化转型应在确定资源有效的前提下进行，否则会适得其反。

在数字化转型过程中，充分认识转型的约束条件与资源需求，随机应变地制定相应的实施规划，确保最终目标达成是数字化转型战略路径规划的主要任务。在确定目标和任务可达成的前提下，企业应将投入的资源合理化并有效控制实施风险，这一过程主要包括规划约束的条件分析、规划的资源需求分析、规划的实施路径等。

战略实施的整体过程就是将企业战略付诸实践的过程，一般用战略行动路线图或战略实施计划表进行表述。而且，战略路径从计划到实施不是一成不变的，而是一个全过程的动态管理闭环，主要包含以下五个步骤。

（一）评估战略目标体系

对战略目标体系进行评估时，需要遵循 SMART 原则。

明确性原则（Specipic），战略目标的制定应明确，而不应过于空泛与含糊。

可衡量性原则（Measurable），战略目标的具体指标制定应合理化且易于考核和衡量。

可获取性原则（Attainable），战略目标的制定应该以对企业外部环境分析及内部资源整理为基础，制定的目标具有挑战性的同时还应该具有现实性或可实现性。

相关性原则（Relevant），战略目标与企业利益相关者的要求应保持相近或一致。

时效性原则（Tine-bamd），战略目标应具有一定的预见性，并在此基础上明确具体的实践时限，且时间区间适中。

（二）战略目标分解

从组织变革方面来看，如何构建组织形态、把握组织变革进度、资产的净收益率、利润率等都是应该考虑的问题；从技术体系方面来看，如何构建技术管理和应用体系，在自建技术团队、外包技术项目或者外聘技术人员的选择等方面也应该慎之又慎；而关于战略目标应该如何进行分解，怎样理解和实现战略目标，又主要通过哪些途径了解和实现，更是应该提前预备和筹划的。

（三）制定战略目标指标值

企业在设定战略目标时，应该将其具体化，确定在一定的战略区间内应该实现的指标数值，便于在战略实施过程中进行预测、分析和控制。以底线值、基准值、挑战值为例，均需要在企业数字化系统开发过程中针对实际情况对应具体的考核分值。

（四）提出可能的战略实施路径

鱼骨图作为一种发现问题根本原因的分析方法能够清晰地描述各类战略目标实现的可能动因，以及其中的潜在联系，并逐项分解形成多个可能的战略路径。

（五）战略实施路径选择

企业在对战略实施路径的评估与选择的过程中可以使用德尔菲法，一般可分为以下四个步骤。

（1）面对各种可能的战略实施路径，从战略实施的难度、对目标达成的作用和实施风险三个方面进行评估，必要时邀请外部专家参与，一般以企业中高层管理人员为主。

（2）在评价各要素过程中设置 1 分～ 5 分的分值，进行定量评价。

（3）依据相应的分值将选中的战略实施路径进行排序，清晰地将战略实施路径的优先顺序排列出来。

（4）战略行动中的里程碑计划可以作为总体战略中的阶段性目标，并将阶段性目标进行组合，形成战略计划的框架；根据战略行动的现实结果为每一个确定的战略实施路径制定里程碑计划或阶段控制目标，其意义在于，清晰地显示战略在达到最终目标的过程中无法回避的节点和状态；同时，细化选定实施路径的行动要点，根据审视战略实施路径所需的相关资源，进一步将战略实施的目的和预期效果明确，并据此选择恰当的战略实施路径。

战略实施路径一经选定，便需要进一步明确实施前的路径指导思想及策略，一般从以下三个方面进行考虑。

（1）做到什么结果：明确实施战略路径的目的和预期效果。

（2）需要什么资源：战略路径实施过程中所需的人力资源、财务资源以及其他资源。

（3）通过什么途径实现：战略实施具体通过内部自建、联盟外包还是其他途径实现。在这方面，可以运用企业内部能力和外部能力独特性模型选择战略实施的策略和方式。

三、战略解码：描述清晰的转型目标

将战略解码体现在数字化转型中的过程，实际上就是将企业的数字化转型战略体系拆分细化的过程，这个过程使整个数字化转型战略体系由复杂模糊到清晰明确，同时也让企业员工理解、信赖和支持。战略解码不仅清晰地描绘出企业数字化转型的重点，还为整个企业的具体实践提供方向性的指导，是从理论到实践的革命性跨越。

与此同时，战略解码也是一种能具体投入工作的方法，它的产生一般采用集体研讨的方式，通过头脑风暴式论争，集企业高管、技术团队、咨询顾问、业务专家的智慧形成一个关于企业数字化转型的总体目标和实践战略方面的共识，在企业员工可以清晰理解的基础之上，制订出能够明确各层各级具体任务的、可实施的行动计划，并通过反复对照、质询，在实践和执行中不断提升质量，促进数字化转型。

战略解码实现了战略的可视化，召开战略澄清会、制定指标和对重点工作的分解、具体责任的落实等方法能够快速高效地达成目的。

企业在战略解码过程中可以参照以下原则。

（1）垂直一致性，自上到下，从企业到部门再到具体的岗位，都应在企业数字化转型战略和各部门具体业务目标的基础上保持一致的纵向承接性，这是对企业具体的转型战略和业务目标的支持。

（2）水平一致性，从企业端到端流程的整个过程是一张横向承接的巨网，企业必须重视建立各部门之间的协作关系，各部门在具体实施过程中具有连带责任，这是对整个业务流程的支撑。

（3）均衡性和导向性，指标的选取在企业发展过程中应该具体考虑，结合平衡积分卡的四个维度和企业导向、部门责任，均衡之后选取的指标是一个具有导向性的指标，也是一个能充分表达部门责任与特色的指标。

（4）责任层层落实，个人业务承诺计划的确定以其在绩效及对上级目标完成度的基础上进行检查和指导，在整个管理过程中以 KPI 指标责任分解矩阵表示。

四、目标拆解：确保数字化转型落地

将整个战略目标自上而下细化分解为可操作、可实施的小任务的过程，便是战略目标拆解的过程，即战略目标拆解是将各个业务部门的工作内容和工作目标进行细化分解，是战略实施方案的核心。

SMART 原则、方向统一原则、进度统一原则是战略目标拆解的三个原则。将具体的战略目标进行拆解的过程不仅仅是简单地将一个目标由大化小、由难变易的过程，还是一个将战略目标按照时间、颗粒度、实体等维度规范拆分为科学化、可实施化的子目标的过程，而这个过程所应该遵循的原则为维度规范原则。

方向统一原则和进度统一原则是顺利完成各个子目标的协调剂，也是目标达成路程中的指示牌。方向统一原则整体上对子目标在实施过程中的方向性作出了恰如其分的规范和引导，以确保目标在被拆分为具体可实施的子目标时，既能独立完成，又能与总目标相互呼应，不至于适得其反。进度统一原则在整体进度推进方面作出要求，在各个子目标的实施计划制订中，必须将各自目标的实施进度与总目标的整体推进考虑在内，在向总目标靠拢的过程中，进行阶段性的衡量、评审和交付，保证子目标与总目标之间的进度一致性。

在企业的数字化转型中，部门或团队的目标是一个整体化的概念，对于员工而言，则比较抽象模糊，不太具有可实施性，因此，企业在转型过程中必须对总目标进行细化分解，采用剥洋葱法将整个战略具体化后落实到每一个员工，避免员工因总目标的遥不可及而产生消极懈怠情绪。

不同维度可以参照以下方式横向或纵向具体拆解。

（1）按时间轴，由近到远地将战略目标和年度目标拆分和细化为可实施的短期目标，例如，将年度目标细化为季度目标和月度目标。

（2）按系统，将一个大系统的目标模块拆分为各个子模块的目标，例如，企业平台建设目标模块可拆分为前台、中台和后台建设目标。

（3）按组织，按照不同的部门职能拆分为市场部门目标、销售部门目标、产品部门目标、研发部门目标、测试部门目标和技术支持部门目标。

（4）按照部门层，将企业总体目标按照部门层级逐层进行拆分，例如，从一级部门、二级部门、三级部门明确到小组个人目标的层级拆分。

数字化转型战略方案的制定是一个将解码和拆分过后的战略目标、任务进行分配，落实到各个业务部门的过程。在这个过程中，企业需要与相关责任部门负责人签署已经确定的目标责任状，落实数字化转型工作重点和 KPI 责任目标。

企业在落实数字化战略执行的过程中，通过贯彻绩效管理体系和日常监管跟踪企业运营管理体系的双重保障，有效分析对比 KPI 数据，改善跟进未完成措施，必要时根据实际情况对资源进行整合或适当倾斜，明确相关责任人并进行动态的战略管理，从而保证战略的有效实行和目标的高效实现。

企业还可以在 KPI 及重点工作完成情况的评价中通过设计绩效管理体系，使绩效更加科学合理，有效激励各战略目标负责人，促进其在战略目标的实现过程中充分发挥主观能动性，达成企业与员工的双赢。

一个完善的战略管理体系必须包含战略目标体系、战略制定过程的管理及战略执行过程的管理。因此，企业在保障战略目标实现的过程中需要不断地解码战略、明确目标，并对目标进行详细地拆分，最后落地实践，只有这样，才能更加持续稳定地推进企业数字化转型。

第三节　数字经济时代下企业转型的战略执行

一、建立机制：数字化转型战略管理

将把控总体的战略思想分解为可操作性的具体任务，再将这些具体任务分配进企业的常规业务运作中，就是战略实施执行。而能否进行有效的战略实施执行，是决定数字化转型战略成败的重要指标。因此，一个企业若没有强的执行力，即便制定出高层次、全方位的数字化转型战略，也难以获得成功。

搭建战略管理机制，强化过程监督体系，执行战略评估，做好保障体系，能够帮助企业推进数字化转型战略工作的高效施行。对于企业推进数字化转型战略的工作来说，一套切实有效的数字化转型管理机制是必不可少的。拥有良好的战略管理机制不但能够保证战略的高效执行，也能够借助管理对战略进行结构性的调整或辅助企业安排新的战略计划。

数字化转型战略对于企业的重要性不言而喻，它所具备的长期性和持续性决定了其与企业的其他各项考核挂钩将成为必行之路。因此，企业更需要将数字化转型常态化，将其融入各项体系、各个部门的日常工作中去实行。

（一）建立数字化转型战略管理机构

企业应由最高层管理者牵头组织一个数字化转型领导机构，再由企业各部门主管人员充当该机构的成员。机构成员应明确角色定位，各司其职，在企业进行数字化转型的过程中，他们既是数字化转型战略的制定者，也是后续工作中战略的实施者。

（二）建立数字化转型的战略例会制度

由先前建立的数字化转型机构组织召开企业数字化转型战略例会，在例会上对战略的制定和实施、战略的阶段性目标与总目标统一进行商讨和决策，将例会作为企业各部门在数字化转型实践的第一战场。

（三）推动战略执行和绩效目标融合

绩效考核是企业管理强有力的手段之一，能够帮助企业分解和落实战略目标，因此，企业应该充分利用绩效管理体系，将其与数字化转型的目标相结合，形成为企业数字化转型战略服务的新型绩效考核方式。企业要将数字化转型战略分解为一个个小目标，再根据这些小目标细化各部门、各员工的工作职责，制定出具体可测量、能够量化的绩效考核标准。

（四）建立战略执行与业务体系的协同机制

业务体系是持续提高企业绩效的重要部分，而数字化转型战略也不是孤立存在的，它需要与企业的业务体系协同作用。企业的数字化转型战略只有落实到业务上才能变得可执行，因此，企业需要将业务作为战略落地的核心，将企业的常态业务与数字化转型战略的具体目标有机结合，二者协同推进，从而使企业迸发出新的生机和活力。

（五）建立战略目标反馈和优化提升机制

数字化转型注定不会一帆风顺，在转型过程中需要根据企业的实际情况不断地对转型战略进行整合、试错、改进和完善。在战略开始实施后，可能出现各种各样与实际存在冲突的情形，而建立战略目标反馈和优化提升机制就显得尤为重要。企业需要在战略实施时进行严密的检查反馈，在出现与实际情况不相符的战略目标时及时进行调整，在发现未考虑全面的战略目标时能够进行优化和补充，从而一步步完善企业的数字化转型战略体系。

二、强化管控：建立过程监督体系

企业的数字化转型过程具体涵盖了工作项目、技术实现、战略决策和投资等各类庞杂的事项，这些事项处理起来往往繁难棘手，因此，企业需要建立一个完整的过程监督体系，以便在转型工作中化繁为简、条理清晰地安排和处理各类事务。

数字化转型战略管理机制的重要价值体现在企业能够建立一个可落地实行的过程监督管理体系上，因为正是过程监督管理体系构成了数字化转型战略管理机制的具体内容。如果无法建立良好的过程监督管理体系，企业将无法对数字化转型战略进行科学有效的管理和把控，最终的转型结果也将走向未知。

（一）构建贯穿战略执行全过程的管控体系

建立对整个战略的所有过程全方位监督的管控体系，规范企业数字化转型过程中的不合理策略，严格按照转型目标，以过程监督管理体系为抓手，确保准确执行每个转型项目中的任务，避免盲目执行和超计划执行等现象的发生，做到严把准入关。

（二）动态监督每个举措或行动计划的执行情况

企业的数字化转型过程往往包含了巨大的工作量，其中为转型进行的每一项举措、每一次行动、每一个计划中都需要不断沟通，反复对接，而这也要消耗大量的人力、物力、财力。如果企业不能建立切实有效的动态监督体系，难免出现遗漏执行或错误执行的行动计划，因此，企业应该建立能够覆盖每个行动计划的动态监督体系。

（三）动态监督每个岗位或员工的战略执行情况

将企业数字化转型的战略目标分而化之，形成一个个具体的小的战略目标，并分派至每个岗位、每个员工；将数字化转型的战略目标与每个员工的日常工作结合起来，形成全员日常工作的转型和全岗数字化转变，实现由每个员工个人的工作转型向整个企业的数字化转型转变，将数字化转型融入企业文化，在企业的日常运营中监督转型工作。

（四）了解每个月各战略举措或行动计划的情况

企业可以借助定期召开的战略例会和动态监督等各种方式，掌握各个部门在数字化转型过程中的各项战略目标、战略举措和战略计划，对数字化转型过程中的每一阶段都有详细具体的把控，对每个部门、每条业务线的转型过程都可以进行有力且有效的监督。

三、执行评价：调整与优化战略目标

在企业数字化转型的整个落地过程中，战略执行评价发挥着极为重要的作用。即使战略执行评价并不能完全保证企业所采取的数字化转型战略是最佳选择，或者一定能够给企业的发展带来强大助力，但战略执行评价仍然是企业数字化转型流程中必不可少的关键环节。

具体来看，企业开展数字化转型战略的执行评价可以从以下五个方面入手。

（一）数字化转型战略与企业外部环境的相关性

企业立足于所处的行业，受所在行业的产业政策所管辖，因此，在数字化转型的过程中需要时刻关注整个行业的数字化现状及进展、政策要求及变更；除此之外，也要随时了解行业领军企业和行业内数字化颠覆性企业的发展情况，以及数字化转型所带来的外部大环境的整体变化。

企业要掌握战略实施进度和当下环境变化的内在联系，及时优化战略方案，调整战略布局，避免因目前的数字化转型战略与行业外部环境不匹配而影响转型，甚至给企业造成重大损失。

（二）数字化转型战略与企业内部条件的相关性

数字化转型战略的实施可能涉及企业的方方面面，比如，企业的配置、程序、监督、治理和决策等机制，而它们相互之间关系交错、利益相干，如果战略执行阻碍重重，实施情况与最初预想差异巨大，就可能导致战略目标难以实现。

当企业在发展的过程中改变策略时，需要有新的结构支撑，以配合整个战略的实施。因此，企业需要随时关注内部情况，及时优化战略路径，调整实施计划，推动数字化转型战略的实际落地施行。

（三）数字化转型战略与企业资源的相关性

企业针对资源利用的情况进行准确的战略目标评价，可以从一定程度上确保战略计划的实施：一方面，可以及时发现差错并进行风险规避或纠正偏差；另一方面，还可能获得新发现、提出新目标、制订新计划，以推进企业数字化转型战略更好更快地达成目标。

（四）数字化转型战略可能带来的风险

企业数字化转型的过程往往伴随着一定的风险，而在最初制定数字化转型战略时则难以准确估算战略的实施成本和风险。即便是引入数字化人才等措施，也可能造成企业内原有的管理人才或专业人才的流失，从而影响企业的业务线，可能造成重大损失。

因此，企业在战略执行过程中，需要及时进行评价，将数字化转型战略执行后可能带来的财力、人力、物力的损耗与业务、组织等方面的风险和损失进行一定程度的规避，尽可能将风险和损失控制在企业可承受的范围内。

（五）数字化转型战略实施的时间进度是否恰当

企业数字化转型战略的实施需要天时、地利、人和，战略实施过程中的每个环节的时间进度都需要进行精准的评价，关注战略实施的时间进度可以随时发现每个环节对总体战略的影响，及时对战略作出调整。

战略执行过程中存在开发工期和测试时间等不可控因素，常常导致技术开发、部署的时间进度与前期规划相差甚远，而一个项目通常由多道工序组成，一个环节的进度落差往往会导致整体进度的滞后，这就会给企业的战略转型工作造成巨大的损失。对此，企业应采用准确的时间进度评价方式，监控战略执行进度，并在出现误差时及时调整。

四、保障体系：支撑战略目标顺利实施

企业的数字化转型能否成功，关键在于战略实施过程中涉及的组织、人才等各项资源能否得到保障。因此，企业需要建立战略保障体系，从组织、人才、资金、资源等各个方面预防问题的出现。

（一）建立强有力的组织保障

企业的领导层需要担负起战略管控的重任，专人专项，建立数字化转型领导小组。企业各个部门由负责人组织分工，将数字化转型战略从各个部门贯彻落实到各条业务线，再到各个业务单元和业务班组，最终落实到每个岗位、每个员工身上，从而使得上到战略管控层的企业领导，下到负责战略实施的每个员工，各司其职，互为驱动。

（二）引进高水平的人才队伍

数字化转型既需要可以将企业的战略目标进行分解的战略管控型人才，也需

要可以对各个业务领域的业务模式进行优化的运营人才，还需要可以开展 IT 系统建设的 IT 支撑型人才，同时也少不了精通各项专业业务的专家。

因此，企业不仅仅要建立自身优秀的业务人才团队，加快数字化人才培养，更要积极地吸收引进外部的优秀数字化战略专家、创新型复合人才、技术开发和应用人才，将人才建设作为组织数字化转型的基石，形成强强联手、内外结合、协同共享、高效运行的人才系统。

（三）强化数字化转型的资金保障

企业需要将数字化转型所需的资金纳入发展的长期规划中，针对数字化转型设置专门的财务计划，确保数字化转型基础平台、人才队伍、技术开发、数据采集、咨询顾问、互联互通等方面的资金投入。

企业要从长期发展的角度加强资金统筹，避免因资金链断裂造成数字化转型项目停滞不前或半途而废，同时也要提高资金的利用效率，加强监管，减少转型成本，保障数字化转型工作顺利开展。

（四）提升数字化转型的资源保障水平

对于企业来说，进行数字化转型要建立资源保障机制，一方面为保障资源的供给建立企业内部的资源共享平台，实现资源管理和共享；另一方面，协同外部的合作伙伴，形成协作共赢的局面，并获取供应链、供应商等社会资源。

此外，各个部门和组织需要打破壁垒、互相协作、资源共享，让人才、技术、数据、应用和业务等各项资源在企业内流通起来，共同助力数字化转型的顺利实施。

第五章 数字经济时代下企业转型的人才变革

第一节 数字经济时代下企业转型的人才智能

一、技术驱动下的人才管理变革

当今世界，数字技术的应用越来越与我们的生活密不可分。人工智能的运用、移动通信技术平台的发展、传感器系统的普及等，给我们的生产生活带来了巨大的影响。但与此同时，伴随技术的快速发展，企业生产力方面的进步却无法与之同日而语。很多企业即使积极引进新技术，也难以改变企业生产率增速缓慢的现状。

这让我们不得不承认，在数字化技术日新月异的背景下，技术的更新换代和现实生产力的改革提升之间有着一道越来越深的鸿沟，且二者的差距呈现不断加大的趋势。毫无疑问，这也将最终导致生产力低下的企业快速失去市场地位和存活空间，近些年，全球范围内跌落神坛的企业更是不计其数。

那么，如何在这个科技迅猛发展的时代站稳脚跟，不断缩小企业现实生产力同技术变革之间的鸿沟，就成为每个企业都应该思考并为之付诸行动的重要课题。与此同时，与时俱进的人才管理战略无疑是关键。

随着数字技术的大规模运用，劳动力也呈现明显的数字化特点，他们可以通过更多渠道拓展自己的知识和能力。而与之相对应地，对于数字化转型过程中的企业也对相应的劳动力群体提出了更加严苛的要求。

就一般情况而言，技术的发展速度快于人类的适应速度，而人类对科技的适应速度又大于企业变革的速度，整个过程中最为滞后和不易改变的是社会政策的变革。人力资源因素，也就是人才管理的变革在技术变革和生产力变革中发挥着桥梁作用。人力因素将技术变革与生产力变革有机连接起来，促进企业在新的环境下转型升级。而人力资源部门在运转过程中将劳动力作为一种特殊的资源进行整合和管理，在帮助企业适应技术变革的同时，为员工提供最匹配的岗位和工作模式，以助力企业全面适应改革，甚至以促进社会相应政策改革为目标持续为企业、为社会贡献力量。

所以，如何重新构建人力资源与企业实践的完整体系，在重大变革发生之前防患于未然，是企业的人力资源管理部门应该持续重视的问题。着眼于这方面的认识和考虑，新时代人力资源管理的升级意义非凡。

在数字化时代的影响下万象更新，社会事务、企业发展和人力资源都出现了新的特征和变化。企业在这样的大环境下拥有了前所未有的机遇，也面临着方方面面的挑战，无论是劳动力资源、工作环境还是企业岗位的定义，都可能影响和改变员工的行为。

例如，在数字化时代，数字化业务和劳动力资源工作技能持续更新，势必会影响和提高企业对相应部门或环节的关注度，促进企业在职业策略、人才流动性、组织生态系统和网络等方面的革新，以及劳动者个体的进步。

企业的整体发展和革新将人力资源管理推向了新的高度，传统意义上的培训或职业生涯设计已经无法满足新时代企业对人力资源管理任务的要求。人力资源管理需要用全新的眼光看待整个企业的构架与发展，审视新发展状态下企业的整体实力与现状，关注企业实际的领导力和员工的整体体验。面对新的局势自然有新的原则，新局势下的人力资源领域的实践者与管理者也应该有新的探索、解读和发现。

这些新原则的探索、解读和发现正是人力资源管理者适应时代的体现。从思维方式到行为模式的转变，为企业未来发展过程中的领导、组织、激励、管理和吸引人才方面奠定了基础，为企业的改革和发展降低了风险。了解这些新的原则便如同站在巨人的肩膀上看世界，有助于企业探究当下和未来，应对机遇和挑战，并适时地对人力资源管理计划进行相应的调整。

二、以员工体验塑造雇主品牌

随着生产力的发展和经济的腾飞，人才在企业生存、经济建设和社会发展中发挥着越来越重要的作用，但人才短缺问题日益严峻。企业如何在现有环境下发掘、培养和招募合适的人才迫在眉睫。与此同时，原有的工作模式逐渐无法满足新时代员工的需求，员工对企业新模式的渴望日增。面对这样的现状，企业必须作出相应的改变，比如借助社交网络等新型工具进行人才的发掘、识别和吸引，在追求创新的同时充分调动和使用企业内外部的人才资源。

在以往的企业管理中，人才问题是人力资源管理部门重点着眼的问题，现如今，人才的引进和培养却越来越需要企业内部多个团队协作完成。与以往相比，信息通信技术的发展使得个体可以根据自己的需求挑选雇主，并最终达成双向选择，所以企业雇主品牌的吸引力和企业自身的吸引力均会对吸引人才产生一定的影响。不过，雇主品牌的形成是一个日积月累的过程，涉及企业的方方面面，一个极具吸引力的雇主品牌能够帮助企业在人才市场上摆脱劣势。

另外，企业团队在进行管理的过程中如何判断求职者的真实能力，降低企业在人力资源获取过程中的管理、聘用和培训的成本以及风险也越来越重要。预测分析聘用者的过程必不可少，企业应该着眼于对人才能力的真实性进行评估和预测，重视招聘流程的落实，而不能一味通过证书等预判求职者的能力和水平。

即使人力资源共享服务作为一种新型的管理模式已经在许多大型企业的人才获取及人才管理上大展身手，但很多招聘方面的工作依旧需要依赖企业中的招聘人员和人力资源专家。由此可见，任何一个新模式的运行都是一个循序渐进的过程，企业应该一方面从人才获取的新方法中，获得更佳的规模效益和人才招聘效率；另一方面在一个更有竞争压力的求职环境中给予求职者更加丰富、独特的体验，为企业挑选最符合需求的应聘者。

“求职者关怀”也是一些企业为了改善求职者的体验而作出的努力，如何在既不损害求职者声誉又不打击求职者积极性的同时委婉地拒绝求职者是“求职者关怀”的主要内容。例如，很多企业会在拒绝应聘者后邀请应聘者在就业门户网站进行注册学习，以帮助他们完善简历、提升技能、开发潜能，为求职者个人职业生涯的发展做好铺垫。

随着越来越多的新生代群体进入职场，企业人力资源方面也面临新的挑战。跟以往的求职者相比，新生代群体更加注重个人的成就感、企业整体的吸引力，以及相对愉悦的工作环境和工作体验。因此，在这样的大背景下，企业应该有意识地将影响员工工作体验的因素进行整合，致力于为他们提供更加良好的工作体验，营造更有助于发展的企业文化，提高新时代背景下员工的认同感、归属感和敬业度。

企业要想在人才市场上具备吸引力，就应该致力于从各个方面改善员工的工作体验，而不能只单纯依赖薪酬福利。人力资源管理部门应结合自身情况对员工反馈、数据整理方面进行进一步的挖掘和分析，集中精力构建新的、更符合时代需求和员工诉求的方案，打造极具吸引力的雇主品牌。

三、打造学习型组织文化

以往，企业的人力资源部门在规划员工职业生涯的时候往往会根据员工拥有的技能水平进行规划和评估，但未来这种评估方式可能不再适用，如今员工需要掌握和学习的技能会持续不断地更新。以软件工程师为例，他们的技能更新换代速度极快，对员工再学习的能力要求高，以 12 ～ 18 个月为周期便需要回炉重建自身技能以适应市场需求。此外，其他诸如法律、金融、会计、销售、制造以及市场营销等行业也有类似的要求。

数字化时代提倡员工永不停歇、随时随地学习，而企业也乐意在人员培训方面提供资金，这是一个员工与企业双赢的过程。员工面对新时代的技能要求，逐渐从为了职业而学习转向学习与职业的深度融合，将职业本身看作一个需要不断学习的过程。在企业和员工的双重配合下，企业的发展和进步将更加顺畅。

实际上，员工的学习和发展能力也是衡量一个企业雇主品牌吸引力的重要标准。员工作为企业发展过程中独立的个体本身便是推动企业发展和职业动态发展的主要源泉。因此，各行业的领先企业也都开始采取行动，切实地关注员工的技能与潜力的开发，积极地满足员工对企业和自身发展的期望，推动整个企业在永不停息地学习中不断向前，鼓励员工在学习体验和企业驱动下根据自身条件更加准确、快速、便捷地培养技能、开发潜力，力图通过人才的争夺和培养，用动态的职业模式打败现阶段以及未来的竞争对手。

随着互联网的发展，学习渠道、学习平台、学习质量及学习成本都产生了巨大的飞跃，在线课程的普及、创新平台的开发、爆炸式信息的增长让学习的机会唾手可得，反映在企业的人力资源管理与开发上即企业对新型员工学习系统的投入大幅上涨，从基础设施和新型工具引进方面着力，促进企业学习发展部门的整体架构运营以及目标任务改革换新。

回想 10 年前，各企业还在着力发展虚拟平台建设虚拟大学，满足于在线课程目录的构建。现如今，科技的日新月异让企业将学习职能提升到一个具有战略意义的高度，致力于发展企业的创新意识、培养员工的创新能力，让员工不断地在学习中找差距、找经验，自然而然进行团队协作。此外，团队资源的整理与融合也不可忽视，企业中逐渐形成了集 IT、财务、设计、市场、销售于一身的跨职能团队，以跨学科的思维为企业的发展提供更加全面具体的解决方案。

值得一提的是，在应对时代变化的过程中，一个企业的首席学习官是引领企业和组织学习的灵魂人物，能够提高企业新一代员工的能力和水平，促进员工的职业发展、提高员工的整体体验，并确保企业业务的整体增长。在学习和引领学习的过程中，首席学习官不仅可以为员工提供解决问题的方案和推出创新的路径选择，鼓励员工在学习的过程中打磨自己，练就过硬的本领，而且可以推动员工在不同的岗位轮岗，进行不同的尝试，让员工掌握跨学科的技能，为组织结构向团队网络结构的转变奠定基础。

四、构建新型绩效管理模式

随着不同行业、不同地区对企业整体评估的全面性增强，新的绩效管理方法层出不穷，许多企业都在持续地进行多方面的尝试、创新和推广。新型的绩效管理模式，无论是从目标设定、绩效考核，还是激励机制，都需要进行整体的更新和升级。而企业需要在管理模式中不断均衡技术、业务和工作内容之间的关系，将整个考核的重心由绩效评估转向持续的反馈和培训。事实上，在企业文化的变革中，暂时还没有与之相配套的技术工具能够让这些绩效管理方法得以完全实施，但毋庸置疑，这些方法早已渗透企业运营的方方面面，并不断地发生作用，影响和推动企业的发展和生产力水平的提高。

构建新型的绩效管理模式，是行业发展和市场竞争对于企业提出的要求。如今，企业的运营以团队作为网络，不再片面地追求职务驱动，而更加注重任务驱动，将职业生涯的外延扩大，更加突出学习的战略性地位。在这样的条件下，企业的运营和管理急需一个统一的目标以便提供持续性的反馈。随着团队的重要性日益突出，团队协作的精神也得到越来越多的重视，评估目标的达成与否，除了看员工的个人业绩外，还应考察该员工在整个团队中的作用以及员工在团队工作中的贡献，因此，绩效管理逐渐演变为一个综合效益的评估过程。

在整个团队绩效的评估过程中，企业需要采用不同的衡量标准确定团队的成功与否。一个团队的发展、进步与成功离不开团队成员之间的信任和帮助，更离不开团队自身的包容性与多样化，以及团队任务划分时责任的明确度。而一个企业的成功离不开团队与团队之间的协作，也离不开团队领导者的亲身实践和参与。这些都需要企业采用新的工具、新的方法主动适应新的模式，在开展相关实践的过程中切实地衡量这些新标准。

不同规模的企业在具体的实践过程中具有一定的差异，一般来说，中小型企业相对比较灵活，可变性强，可将绩效目标直接设定在个人或团队的范围内；大型企业则相对来说比较复杂，因此，必须以企业整体的共同意识和共同目标为坐标，将目标细化至部门实施，确保发展更加明确、衡量方式更加有效，不再拘泥于传统的上传下达。

鉴于当前变革仍在持续进行且速度空前，我们无法预知这场绩效界革命的结束时间，也无法预计绩效管理标准的内容最终将如何演变。但可以肯定的是，一代又一代的改革者和实践者前仆后继地进行试验，反复对比优化、及时改进更新，不同类型、不同地区、不同规模的企业都会逐渐在自己的领域，依据自身的现实情况，找到最适合自己的绩效管理体系。

人力资源管理职能的变化，是企业为了适应数字化时代的变化而进行的自我调节和自我革新。人力资源管理不仅需要提高服务的达成交付效率，并依据这个效率将企业的组织结构进行一个综合意义上的重新构建，与此同时还必须时刻关注员工的整体体验，不断调整绩效管理方法使之最大限度地适应企业当下的实际情况。新原则需要人力资源组织对自身进行一个全方位的审视，找准自身定位，全身心地应对企业当前所面对的人力资源挑战，不断地改善问题，在企业人力资源管理的领导者和人力资源团队的共同努力下将新的创意和想法快速地投入实践，在检验中不断改进、不断总结，为新原则的产生贡献力量。

第二节　数字经济时代下企业转型的变革领导力

一、组织变革成功的关键要素

组织变革是企业适应内外部环境变化、实现持续成长和基业长青的重要保障。而组织变革成功的关键因素，则是企业领导力。

当前，业内对领导力并没有形成统一的定义，从不同的角度出发，领导力也会有不同的侧重点。如在《领导力》一书中，詹姆斯·库泽斯和巴里·波斯纳认为，领导力就是带领其他人走到他们从未去过的地方的能力。

而宝洁公司的领导力概念，则凸显了领导力的五个层面：具有战略远见（Envision），激发他人意愿（Engage），鼓舞团队士气（Energize），分享、教练知识体系和技能（Enable），超强执行能力（Execute）。

全球最早的人力资源外包和咨询服务公司翰威特，基于几十年的咨询服务以及对大量企业组织变革的研究分析，得出了以下结论：随着内部运作环境和外部市场生态的变化，现有的组织架构和运作能力，将越来越不能完成企业的战略要求。因此，企业需要进行内部的组织变革，以增强组织能力，实现良性运行和持续成长。而领导力是组织变革成功的关键要素。

正如詹姆斯和巴里所讲的，领导力是对未曾到过的地方的探索，这种对不确定性领域的开拓，有利于企业形成一种创新求变的氛围，从而敏锐地察觉组织变革的需求。

（一）领导力决定了组织变革的方向

优秀的领导力不仅能够让企业敏锐地察觉组织变革的必要性，而且能为组织变革提供明确的战略方向和目标。正如宝洁公司对领导力的定义，首先强调的就是企业领导者要具有前瞻性眼光，以便能够准确把握和预判未来的商业生态变化，为组织变革提供战略目标，保证变革方向的正确性。

（二）领导力决定了组织变革的执行和落实

组织变革是对原有组织模式的颠覆、创新甚至重构，必然面临诸多阻碍，因此其需要具有强大且持久的执行力以保证变革的顺利落实。强大且持久的执行能力，主要源于组织高层优秀的领导力。

（三）领导力决定了组织变革所需要的资源

当企业现有的组织模式和能力无法有效应对内外部环境的变化和发展的要求时，就需要进行组织变革，以便建立新的组织模式，培育新的组织能力。而不论是新模式的塑造，还是新能力的培养，都不是短时间内能够完成的，需要持续性的资源投入。因此，企业只有具备强有力的领导力，才可能有效整合调配各种资源，为组织变革的执行和落实提供有效的资源支持。

著名畅销书作家吉姆•柯林斯，在其2009年出版的《从优秀到卓越》一书中，提出了“先人后事”的成功模式。他认为，人是企业的重要资源，是组织变革成功的关键，缺少了“人”这个关键资源，就很难完成组织变革这个决定企业发展命运的“事”。而要想最大限度地获取人的价值，就离不开优秀的领导力。

总之，组织变革是企业应对内外部环境变化、实现基业长青的必然选择，而领导力则是组织变革的关键成功要素。因此，企业的高层管理者只有首先培育出优秀的领导力，实现领导力的跨越式发展，才能推动组织变革的落地和成功。

二、领导力需求的转变

组织变革涉及企业运营的多个方面，需要基于内外部环境、业务要求、固有模式等因素制定科学合理的变革策略。根据以往的研究和企业实践，可以从两个不同维度对组织变革进行分类：

根据变革的深度和力度，可分为渐变型变革和剧变型变革；根据企业的业务策略，可分为关注回报型变革和关注增长型变革。

领导力是决定组织变革成功与否的关键要素，但是，不同的组织变革类型对领导力的要求侧重也有所不同。根据上面的分类，可以形成领导力需求矩阵。

领导力需求矩阵显示了不同变革类型所需要的领导素养。因此，企业领导者在培养自身的领导力时，首先需要明确组织变革的深度与力度，以及企业的业务发展战略；然后根据变革要求，制订相符的领导力培育计划。

三、案例分析

（一）施乐公司领导力需求

在第三任CEO大卫•卡恩斯任职时，施乐公司正面临外部竞争的巨大压力。“我们正被一条章鱼缠得快要窒息过去”，卡恩斯说道。这条章鱼就是当时快速崛起的日本厂商。因此，施乐公司亟须进行深度的组织变革，以增强竞争能力，实现业务增长与扩张，这就需要领导者具备快速反应、勇于进取、敢于创新等特质。

到了第四任CEO保罗阿莱尔时代，施乐已经基本完成了内部的组织变革，但依然注重业务规模的扩张与增长，以抢占更多的市场份额，这时组织对领导力的要求更侧重于合理的流程规划和绩效管理等方面。

而到安妮•马尔卡希接任时，施乐正面临严重的经济危机：公司股票从高峰时的63.69美元一度跌到了4.43美元，甚至失去了90%的市场份额。这一阶段，公司推出了复兴计划，实行开源节流，以便借助强力的组织变革扭亏为盈，实现利润回报，持续发展，这需要领导者具备风险管理、财务运营、成本控制等方面的能力。

（二）IBM公司领导力需求

IBM公司对领导力的需求内容，也是由不同阶段的变革要求和业务策略决定的。例如，在路易斯•郭士纳接任IBM时，公司正面临严重的巨额亏损，需要进行大刀阔斧的组织变革，以实现持续不断的增长。而IBM之所以选择当时没有任何IT工作经验的郭士纳，正是由于他具备了与组织变革和业务策略相匹配的领导力。

（三）微软公司领导力需求

同样，IT行业巨头微软的领导人更替，也是为了迎合组织变革的诉求。在比尔•盖茨初创微软之时，需要的是富有远见、反应敏捷、勇于开拓创新的领导人，以便推动公司业务的快速增长。而史蒂夫•鲍尔默担任公司总裁和CEO时，微软已经成为IT业界的霸主，这时公司需要的是渐进柔和的组织调整、完善，保证内部运营的稳定性，以推动公司业务的持续增长。

因此，组织变革与领导者的素质密不可分，只有具备了符合诉求的领导力，企业的组织变革才能成功落地。

四、培养变革领导力的实践法则

既然领导力是决定组织变革的关键要素，那么企业应该如何发展领导力，以匹配组织变革的诉求呢？

全球知名的人力资源咨询公司——翰威特咨询公司曾先后四次对亚太和欧美地区最具领导力的公司进行调查研究，探索优秀领导力的发展策略和培养模式，观察这些公司是如何发现、挖掘和培养具有潜在领导力的人才的，探讨领导力措施与组织绩效的相关性。

翰威特咨询公司的研究，主要是对企业的高层领导者（如CEO、COO等）以及高层人力资源管理者进行访谈，以收集他们对组织领导力的观察和看法。通过持续的追踪调研，再结合这些最具领导力公司的具体实践，翰威特咨询公司最后得出了以下三个培养变革领导力的实践法则。

（一）公司高层要重视领导力开发计划

公司高层必须首先认识到领导力发展对组织变革和运行的重要性，并积极参与领导力的培育过程，才能带动整个公司形成利于领导力发展的制度和文化氛围。而翰威特咨询公司的研究也显示，在最具领导力的公司中，CEO与董事会对潜在领导人才的重视培养比例，分别高达100%和65%，远远高于其他公司的65%和31%。

以思科（Cisco）公司为例，在翰威特咨询公司的领导力措施研究中，思科公司卓越的组织领导力，主要源于高层管理者（从董事会到CEO）投入了大量的时间和精力进行领导人才的挖掘、培养。

思科公司的CEO和高层管理者十分注重对继任者领导力的培养。他们通常会担任内部培训班的讲师，与潜在领导人才进行交流沟通，并分享自己的管理经验。

多元化的人才发展策略，是思科具备强有力领导力的重要因素。为此，CEO必须掌握众多领导职位继任者的能力和人才结构，了解他们的培养规划。同时，为了优化人才结构，思科每年还会举办专门的女性高级管理者论坛。

另外，思科也十分注重倾听客户的声音，借助各种渠道，推动CEO与领导层、员工的交互沟通。如CEO每年都会与总监以上级别的领导者进行战略回顾，以探讨更加符合组织诉求和发展战略的领导力模型；定期召开由中基层管理者和员工参与的会议，倾听他们对公司业务战略和各层级领导力的想法，以便及时发现问题，实现领导力的跨越式变革发展。

最后，公司的董事会也会积极参与领导人才的培养选拔。例如，他们会经常与那些具备优秀领导力的潜在领导者进行交流沟通，以更好地了解他们的情况；也会经常探讨哪些潜在人才可以成为公司关键领导职位的继任者。

（二）明确企业需要的人才标准

在不同的发展阶段，企业往往具有不同的变革诉求和业务策略，而只有培养出与之相符的领导力，才能实现组织变革和发展目标。因此，企业在发展培育领导人才时，首先要对组织的变革方向和业务策略具备准确的预见和共识，然后确定与发展诉求相匹配的领导力需求，并以此为标准界定高潜质领导人才。如此，才能保证领导力发展方向的正确性。

另外，大多数最具领导力的企业在识别所需要的高潜质人才后，会主动告知这些企业对他们的关注和培养计划，以便增强这些高潜质人才的责任感和使命感，推动他们有意识地提升个人的能力和职业素养。

（三）重视每一个高潜质人才

例如，高露洁（Colgate）公司就要求相关管理部门在高潜质人才离职时，必须以最快的速度（24 小时之内）告知首席执行官（CEO），以便公司高层能够及时了解情况，制定挽留策略。

同时，在翰威特咨询公司的研究中，那些最具领导力的公司，还会在内部凸显高潜质人才的地位，对他们进行更多的发展投资，如支付更高的薪酬、制订长期激励计划等，以此满足高潜质人才的职业要求，增强这些人才的企业忠诚度。

五、数字化时代的用户（USER）领导力模型

如今大部分企业所沿用的管理方式，主要是工业时代的产物。在数字化时代，企业的管理方式需要变化，领导力则更需要与时俱进。

工业时代通过规模化生产获取巨额利润，产能与效率成为衡量企业实力的重要标准，营销推广更多的是借助信息的不对称性赚取利润。相应地，这个时期的领导力是在明确的目标指引下，严格对员工进行控制以及管理。但是数字化时代，企业需要以用户需求为导向，通过快速地完成小而美的产品更新迭代，从而满足用户需求的日益个性化以及多样化。在数字化时代，企业要设计一个清晰明确的目标，几乎很难实现，很多时候需要在宏观方向的指引下，通过与用户不断的交流互动，完善产品以及服务。

在这种情况下，管理者需要赋予员工更多的权利，让员工充分发挥主观能动性，在员工不断对产品及服务的创造中，提升品牌的溢价能力。而领导力则需要逐渐向激励创新和适度放权、授权等方面演化。

（一）以用户需求为导向：User Orientation

对优秀的企业管理者而言，最为重要的一点就是要为员工指引正确的方向，而用户的需求就是数字化时代的正确方向。

企业的管理者需要以用户为中心，抓住细节变化，精准掌握用户需求。比如，奇虎360的成功，正是得益于周鸿祎能够为员工指明发展方向，不断收集用户需求；小米产品所搭载的MIUI系统的负责人黎万强则以用户需求为导向，开创了引领时代的用户开发模式的手机操作系统研究方法。

（二）快速响应用户需求：Speedy Production

数字化时代的产品更新周期大幅缩短，一家企业花费几年时间创造的“完美”产品，可能在极短的时间内就会被后来者所淘汰。因此，企业的管理者需要带领员工，在短时间内创造出满足用户需求的产品，即使你的产品不够完美，但只要能满足用户的大部分需求，也能得到用户的认可。

接下来，企业就可以通过收集用户反馈，不断对产品进行快速更新，从而在改善产品性能的同时，提升用户黏性。

（三）激发员工的潜能：Encouragement

数字化时代倡导自由、平等、开放，企业员工更具个性，他们渴望在一种平等自由的工作氛围中发挥自己的创造力。工业时代所形成的严格控制与管理的模式，不但会使员工心生怨气，还会限制员工创造力的发挥。由此，企业的管理者需要转变思维，从以员工为本，尊重员工个性的角度出发，激活员工的创造力。

（四）灵活应对新变化：Resilience

进入数字化时代，快速变化的市场需求需要企业能及时调整。管理者需要能灵活地处理企业发展中遇到的新变化，尤其是在面对市场变化时，要既能处理好现在所做的工作，还能带领团队及时转变。

企业管理者尤其需要具备这种灵活应对变化的能力，否则，不但无法创造满足用户需求的产品及服务，还会造成企业人才外流。

数字化时代，企业产品更新迭代十分快速，以至于当团队正研发某种产品时，可能会因为新技术的突破或者用户需求的变化，而不得不放弃这一产品，转而去开发新产品。企业的管理者如果无法带领团队应对这种新变化，轻则造成团队丧失信心、企业利润下滑；重则使团队人才外流，企业发展陷入停滞。

企业培养技术型的研发人才，往往要付出巨大的成本，而团队在进行转型后出现的利润下滑或者人才流失，会使企业蒙受巨大的损失。因此，企业的管理者需要具备灵活的管理能力，带领项目团队攻坚克难，应对随时可能发生的新变化。

数字化时代，无论是互联网企业还是传统企业，都需要在这种商业模式的颠覆性变革及用户需求的不断变化下善于利用USER领导力模型，积极拥抱变革，从而在全新的时代带领员工书写新篇章。

第三节　数字经济时代下企业转型的制度规范

在讨论数字经济时代企业转型制度规范的过程中，如果想要对其有更加深刻的理解，可以借助案例的模式从不同角度进行分析。作为数字化转型最为成功的企业之一，阿里企业的制度规范对于任何企业来讲，都具有非常积极的借鉴意义，所以本次以阿里企业为例，针对其制度规范进行了揭秘。

一、制度的前世今生

在很多外部的人看来，阿里员工对组织的热爱、对信仰与梦想的执着是难以想象的，不过这并非利益诱惑或洗脑式培训能够达成的，而是在优良的组织氛围与发展平台中长期积累沉淀的结果。组织氛围与发展平台的构建离不开管理体系尤其是阿里人力资源多面手 HRG 体系的强力支持。

HRG 体系是阿里人力资源体系的重要组成部分，在该体系中，阿里人力资源 HR 的主要工作是建立完善的管理体系。管理者的选拔会对后续的培养、考核产生重大影响，80% 的管理人员通过内部选拔而来，其余的是从外部引进。宁愿牺牲业绩，也不能让错误的人领导组织，是阿里选拔管理者的一项重要原则。

（一）阿里为什么要建立 HRG 制度

2004 年，阿里开始建立 HRG 制度，高层管理团队之所以会作出这种决定，与以下两种因素存在直接关联。

其一，迅速发展的阿里已经衍生出很多新业务和新项目，然而企业内部的人才储备不足。虽然从外部引进人才是企业经常采取的策略，但由于新成员进入企业后往往需要一段比较长的适应期，所以这一问题并非简单地从外部招聘人才就可以解决。因此，提高现有人才的利用率就显得十分关键。不过，由于很多部门主管虽然精通业务，但并不具备专业的人力资源管理知识与技能，于是为各部门配置一个负责人力资源管理的人才是很有必要的。

事实上，当时阿里面临的问题也是很多企业的通病。为数不少的企业在任命高管时，主要依据一般是平时业绩表现，但业绩表现突出的人说明他们擅长业务，并不意味着他们也擅长管理。他们往往有强烈的目标意识，致力于实现月度、季度及年度目标，而忽略对员工的管理，建立 HRG 制度就为解决这一问题提供了有效方案。

其二，阿里希望实现基业长青，成为横跨三个世纪的企业。然而在企业长期发展过程中，由于政策调整、需求变化等因素，阿里的业务可能出现各种问题。如果企业管理者以牺牲用户及客户利益为代价换取业绩增长，必然损害企业的长期利益，这和阿里倡导的企业文化与价值观也是相背离的。HRG 体系的存在，可以在一定程度上起到对部门主管进行权力制衡的效果，对其行为与决策进行监督。

表面上看，HRG 在各业务部门并非最高领导者，但由于企业在用人与文化建设等方面赋予了 HRG 一票否决权，这就保障了阿里各部门能够在困难面前坚守底线，所有组织成员都能够为企业的长期发展而奋斗。

（二）阿里 HRG 体系的四个发展阶段

分析阿里 HRG 体系的发展历程，可以将其大致划分为以下四个阶段。

1. 种子期

在此期间，阿里巴巴打造了中国供应商，采用直销模式开展运营，并在此基础上建立了阿里铁军，从而推出阿里 HRG 体系，这是一个逐步递进的过程。

2. 萌芽期

在 2003 年，阿里巴巴推出淘宝平台，着力开发 C 端市场，并服务于企业的 B2B 及 B2C 运营。

3. 发展期

自 2009 年以来，阿里推出天猫平台，继而在金融服务领域、云平台、物流领域进行了业务开发，业务规模持续壮大。

4. 生态期

自 2014 年以来，阿里巴巴在大数据领域展开深度布局，开启平台化电商运营，着力打造完善的生态体系，业务范围拓展至金融、体育、音乐等诸多领域，旨在建设相应的生态体系。在这种大趋势下，阿里 HRG 体系的发展也逐渐趋向生态化。

在阿里早期的 HRG 体系中，1/3 以上的成员来自业务部门的骨干、优秀的经理与主管，这些人被抽调担任政委后，业务部门出现了严重的人才短缺，面临种种困难。不过，就目前的情况看，虽然人才抽调导致业务部门面临一时的困难，但该举措非常有远见，这种远见主要体现在企业的管理者能够预测未来业务开展的复杂性，提前做好了准备。此外，还有 1/3 的成员来自人力资源管理部门，由职能型 HR 转变而来。这两种 HRG 属于企业内部调配，都是第一次任 HRG 一职，没有任何经验。

考虑到这一点，阿里巴巴从外部聘请了 1/3 有过人力资源业务合作伙伴 HRBP

实践经验的人士担任 HRG，这些人大多出自华为、通用等大型企业。一方面，这些人有着丰富的 HRBP 经验，可对内部调配的 HRG 进行指导与培训；另一方面，阿里的业务模式与华为、通用等企业的业务模式越来越相似，这些人的入职为阿里带来了很多现成可用的经验。

二、制度的建设与实践

在阿里的管理架构中，企业的人力资源管理者掌握更多的话语权，HRG 体系对阿里的发展产生了极大的影响，而这也是阿里的特色。

（一）阿里 HRG 的角色定位

在阿里内部，HRG 的定位主要体现在两个方面，如表 5-1 所示。

表 5-1 阿里巴巴 HRG 的角色定位

角色	承担的责任
上得厅堂	对组织体系的运营情况进行检查，找出其中存在的不足，能够承担人力资源管理工作，以专业化方式处理相关问题
下得厨房	实施人性化的人力资源管理，促进员工的职业发展，提升他们的工作能力，勇于指出员工工作中存在的问题，反映真实情况

（二）阿里 HRG 的特征

阿里 HRG 具有以下两个方面的特征，如表 5-2 所示。

表 5-2 阿里巴巴 HRG 的两大特征

特征	主要表现
悟性	很多情况下，阿里巴巴的 HRG 要靠悟性提升自身的能力，换句话说，阿里没有对 HRG 的工作提出明确的要求，或者以书面形式进行规定，需要 HRG 自己进行归纳，这也正是阿里巴巴的特色所在
灵性	很多企业是由高层管理者制定决策，逐层向下传递指令，阿里则不同，HRG 能够进行决策制定，作为整个工作网络体系中的独立节点，发挥自己的主动性及创新能力

（三）阿里 HRG 的工作目标

阿里 HRG 的工作目标主要体现在以下四个方面，如表 5-3 所示。

表 5-3　阿里巴巴 HRG 的四大工作目标

工作目标	具体任务
懂业务	只有熟悉业务情况，才能与业务经理就相关问题进行沟通，发挥协调作用
提效能	促使其所属部门的员工创造更多的价值
促人才	帮助团队成员提高工作能力，促进人才发展
推文化	促进企业文化及价值理念的传承，发挥企业文化及价值理念的指导作用

（四）阿里 HRG 的作用

阿里 HRG 在组织内部主要发挥以下两个方面的作用。

1. 推力：如同给汽车加油

不少初创企业都会树立榜样，发挥优秀员工的模范作用，以带动其他员工的积极性，从而提升团队的整体业绩能力。如果模范员工从企业流失，则会给企业的整体发展带来不利影响。因此，企业应该积极实施创新，总结优秀员工、团队的经验，促使其他员工及团队进行学习，并在其中发挥人力资源管理者的推动作用，提高全体人员的工作能力。

2. 拉力：如同进行刹车操作

如果业务部门对关键绩效比较重视，团队只有达成绩效目标，才能持续发展。但如果只局限于关键绩效，会导致业务部门在考虑问题时只局限于自身角度，为了提高业绩而不择手段，甚至与企业的价值观相悖。如果出现这种情况，人力资源管理者要及时止损。

（五）阿里 HRG 的六个画像

1. 正能量和好奇心

阿里巴巴的 HRG 本身要具备正能量，通过传播正能量引导团队的整体发展。事实上，大部分的阿里人都对自己的工作充满了激情，时刻都能全身心投入其中，似乎永远不会倦怠，阿里 HRG 也是如此。另外，通过保持好奇心，阿里人能够紧跟时代发展的步伐。

在阿里，只有具备足够工作经验的人才能够成为 HRG，即便如此，这些阿里的资深成员也不会倚老卖老，而是以谦和的态度与年轻的新人一起学习。作为阿里生态体系中的一员，HRG 能够得到生态平台的支持而不断发展。与此同时，在好奇心的驱使下，阿里 HRG 能够不断汲取新知识，相比之下，一些企业的人力资源管理者的思维都趋于僵化，很难创新。

2. “知心姐姐”和“贴心小棉袄”

企业中总会存在一小部分员工，因为适应能力较差或其他原因，得不到群体的重视。对于这类员工，阿里 HRG 会实施人性化管理，给予适度的关照，以在企业内部形成良好的氛围。为了实现这一点，HRG 要对员工的情况进行全方位的了解，包括他们的家庭生活、工作状态等，以提供针对性的支持，帮助员工解决困难，从员工的角度考虑问题，扮演“知心姐姐”和“贴心小棉袄”的角色。

3. “指明灯”和“协作对抗”

在员工感到困惑或迷茫时阿里 HRG 会对其进行引导，让员工确信自己选择的方向是正确的。对于不同的员工，要采取不同的管理方式。另外，要配合员工开展一些工作，且这种协作不只是停留在表面，应该认真投入其中，积极完成任务并承担责任。但很多情况下，人力资源管理者都做不到这一点，无法为员工提供必要的支持。

（六）阿里 HRG 和业务经理的关系

阿里 HRG 和业务经理的关系主要体现在以下两个方面，如表 5-4 所示。

表 5-4　阿里 HRG 和业务经理的关系

关系	具体表现
监督与制衡	HRG 享有一票否决权，能够对企业的人才任用、文化建设产生很大的影响。HRG 能够从思想层面给业务经理提供服务，与此同时，也会监督业务经理的行为，促使其做出合理的决策
作用力与反作用力	业务经理聚焦于实现短期绩效目标，HRG 能够从长远发展角度看待问题，注重骨干人才的培养与企业的文化延续，双方相互影响、相互作用

三、四项工作职责

阿里的 HRG 体系会为各个业务区域派遣专员，负责进行该业务区域的人力资源管理与价值观管理。HRG 与业务经理相互配合，进行团队的管理、人才的培养。在结构体系上，阿里巴巴的首席人才官 Chief People Officer 位于最高层，总 HRG 在 CPO 之下，与事业部总经理相互配合的大政委在下一级，较低层级的小 HRG 与区域经理共同开展工作。

阿里巴巴的 HRG 体系具有以下四个明显的特点。

（一）成员来源特殊

企业要想获得持续、稳定的发展，就要注重内部的文化建设、人才选择及任用、职位安排等。在阿里，各个业务部门的核心成员在 HRG 体系中的占比超过 1/3，这些人员以业务部门的主管、经理为主，这样的任用安排主要有以下两个优势。

1. 贴近业务

大多数企业的人力资源部门与业务部门之间是相互独立的，而阿里巴巴的HRG体系以及当前的BP模式旨在打破部门之间的界限，将人力资源服务经理派遣到业务线，在熟悉企业业务运营情况的基础上，提高其管理能力及服务水平。

2. 端对端的交付

以往，企业采用职能分工的方式实施人力资源管理，将业务发展过程中产生的需求反映给人力资源部门，由相关负责人提供服务，但在这种模式下，经常出现人力资源管理者提供的服务不符合业务发展需求的情况。阿里的HRG制度则能够实现端与端之间的交付，有效地解决了这个问题。

（二）参与业务会议是硬性要求

依托阿里巴巴独具特色的企业文化，HRG体系的成员能够熟悉不同类型的业务情况。根据企业规定，HRG必须出席业务会议。

参与业务会议的过程中，HRG成员通常会发表讲话，提出一些专业性较强、能够引人深思的问题，在会上产生重要影响。通常情况下，企业的业务人员只从自己负责的业务角度考虑问题，HRG则能够跳出单个业务的限制，从更加全面的角度看待企业的发展，对业务人员进行启发。

（三）工作善交流、重人心

在阿里巴巴，人力资源管理者经常会进行员工访谈，这部分时间占到其总体工作时间的一半以上。但在多数传统企业中，人力资源管理者只有在企业提出强制要求、出现问题或发生特殊情况时才会与员工进行沟通。

阿里巴巴的人力资源管理者随时都会与员工进行互动，在沟通过程中了解员工的相关信息，如员工的业务进展、与其他团队成员的相处情况；在必要的情况下，也会对员工的家庭情况等进行了解，比如，员工当前是否存在购房需求，其子女的求学情况，工作是否顺利、是否存在阻力，能否通过自己的努力解决问题等。HRG这样做旨在从各个方面了解员工的相关情况，以根据实际情况为员工提供必要的帮助，解决他们存在的问题。

在阿里巴巴，大HRG会对小HRG的工作提出具体的要求，比如，在小HRG与员工进行沟通之后，他要了解所有同事的工作情况、心理状态，做到与同事之间相互熟悉，加深彼此之间的默契程度。

从另外一个角度来分析，企业的人力资源管理人员需要按照既定的制度与流程实施组织管理，但阿里巴巴认为，人力资源管理者应该发挥自己的价值，对内部人员产生影响，让他们在工作中实现个人价值，在此基础上推动企业的发展。

在企业应对危机期间，人力资源管理者更要从心理层面对员工进行管理，让员工看到希望，从而使企业整体走出困境。

（四）决策方式自下而上

作为一家互联网企业，阿里也具有互联网企业的典型特征。在很多情况下，企业的决策权并非由高层管理者全权掌控。阿里巴巴建立了完善的工作网络体系，各个部门或者项目参与方构成网络中的不同节点，负责制定工作中的相关决策。如此一来，阿里的业务团队就能够充分发挥其自主性，在 HRG 的配合下开展业务。

虽然阿里巴巴为建设 HR 三支柱投入了大量资源，但这并不能保障 HR 三支柱是尽善尽美的，最为典型的就是 HR 人员和业务管理者之间的平衡问题。

在阿里巴巴 HR 三支柱模式中，以 HRG 为代表的 HRBP 的影响力相对较高，虽然 HRG 和业务管理者是相互配合的，但 HRG 有足够的决策权，COE 专家中心 Center of Excellence 需要积极配合 HRG 的决策，这使 COE 的作用受到一定程度的抑制。与此同时，自下而上的决策方式可能让决策缺乏长期性、整体性思考。

作为一家平台型企业，阿里已经构建了一个涵盖零售、健康、文娱、物流、金融等诸多业态的生态系统，而且投资了很多公司，这决定了阿里的企业文化必然具有较高的开放性和包容性，而生态系统中的子公司、关联公司等又会形成自己的特色文化，从而给 HR 管理带来较高的挑战。长期来看，将 HRG 体系成功推广到所有的子公司、关联公司是相当困难的，未来还需要阿里积极开拓创新，设计更为多元化、更具时代感的 HR 管理体系。

四、选拔与考核办法

阿里没有一些大型企业普遍存在的各种条条框框，这决定了 HRG 要承担重要使命，必须选择优秀的人担任 HRG。阿里要求 HRG 成员必须满足以下三个条件：

有 5 年以上的工作经验；精通 HR 各模块；有丰富的管理经验。

业务主管制定关键决策时，必须与 HRG 沟通，听取 HRG 的反馈意见，如果 HRG 不同意，决策很难落地。曾经担任过 HRG 也是阿里 HR 人员晋升的前提，阿里的 HRG 体系思想在 HR 管理的每一个环节都能得到具体体现。阿里希望组织成员在完成业绩目标的同时，还要在企业文化与价值观的引导下做人做事，重视并尊重员工，引导员工加强自律，自我反省、自我规范。

（一）阿里 HRG 应该怎么做

1.HRG 必须心智成熟，懂得管理

阿里 HRG 也分级别（级别体系为 P6），从区域角度上，最基层是小 HRG，

对接一线业务经理，分布在城市区域，小城市共享一个 HRG，上一级是大 HRG；从事业部角度上，级别最低的 HRG 是部门 HRG，小部门共用一个 HRG，总监配备一个大 HRG，所有 HRG 都要从最基本的 HR 人员做起，逐步升级。

HR 人员在不断升级的过程中，会积累越来越多的工作经验，心智也会越发成熟，这并不是鼓励 HRG 长袖善舞，而是要求 HRG 不断提高自身的情商，善用各种管理方法，在处理组织内外部各种纵横交织的复杂要素关系时，可以达成一个更为和谐的结果。

2.HRG 通过大量沟通，参与业绩评价

阿里 HRG 在日常工作中，要拿出足够的时间参与业绩考核，了解业务主管是如何管理团队并指导员工工作的，如何解决个人与团队的问题，哪些方面需要进一步改善，哪些方面值得发扬。当然，HRG 为此要进行大量的沟通，尤其是和基层员工之间，在沟通过程中，可以让 HRG 更为深入地了解实际情况，从而提高人力资源利用效率，对企业文化与价值观进行不断优化完善。

（二）什么样的人能成为 HRG

想要成为阿里 HRG，必须针对以下两个问题给出正确的答案。

1. 你的梦想是什么

梦想是推动个体不断发展进步的重要驱动力，在合作共赢成为主旋律的背景下，个体追求梦想与组织实现愿景和目标并非矛盾的，将个人梦想融入组织愿景和目标之中，可以充分激发组织成员的潜能，让他们在实现自我价值的同时，为企业作出贡献。

因此，和组织有共同的信仰是 HRG 考核的重要指标，这也反映在阿里的选拔培训中，员工需要回答“阿里为什么而存在”“阿里的存在是要为组织及社会创造何种价值”“阿里人应该相信什么，不相信什么”等。

2. 你认为自己是主人还是职业经理人

职业经理人很难对企业产生较高的忠实度，他们可能为了个人利益而牺牲组织利益，所以，阿里希望 HRG 能够将自己视作企业的主人，发挥主人翁精神，推动企业不断发展，将企业的事看成自己的事。

（三）阿里 HRG 是员工的守护者

阿里 HRG 必须做好两件事。

第一，为员工创造公平、公正的优良发展平台，让员工充分发挥自身的潜能，敢于尝试。移动互联网时代唯一不变的就是变化，机遇稍纵即逝，互联网企业需要在不断试错中发展，而员工身处一线战场，更容易找到贴合用户需求的创意与想法，所以，阿里 HRG 要为员工创造发展平台，鼓励员工不断尝试。

第二，不断提高自身的领导力，以强大的人格魅力吸引员工追随自己，而不是以 HRG 拥有的权力让员工害怕、奉承，这样才能让 HRG 和员工建立信任关系，使 HRG 在开展工作时可以取得事半功倍的良好效果。

（四）阿里 HRG 的能力模型

阿里 HRG 必须具备以下三大能力，如表 5-5 所示。

表 5-5　阿里 HRG 必须具备的三大能力

能力	具体内容
判断力	人力资源管理者要拥有敏锐的洞察力，能够及时发现团队存在的不足，感知企业内部的整体氛围，提前预测组织未来的发展趋势及可能出现的问题，并针对问题制订有效的解决方案
运营力	在企业运营及发展过程中，人力资源管理者应该促进组织计划的实施，积极推动业务的开展
专业力	作为企业的人力资源管理者，阿里 HRG 要承担人才引进、招聘及员工关系的管理工作，有些阿里 HRG 还要负责会议管理及员工发展。相较于其他企业的人力资源管理者，阿里 HRG 要具备更多的专业能力

（五）阿里巴巴管理者如何考核

阿里对不同群体采用差异化的考核策略，业绩和价值观考核各占 50%。HRG 作为管理层，价值观考核要比普通员工更为严格，在“六脉神剑”（客户第一、团队合作、拥抱变化、诚信、激情、敬业）的基础上增加了眼光、胸怀和超越伯乐，也就是“九阳真经”。总体来看，阿里 HRG 团队建设有三个关键点，如表 5-6 所示。

表 5-6　阿里 HRG 团队的三大关键点

关键点	具体内容
比例恰当	从企业内部选拔一定比例的人才，从企业外部聘请一定比例的拥有 HRBP 经验的人才，既保证团队的稳定性，又保证团队可以稳步前进
志同道合	选择担任 HRG 之人必须拥有梦想，富有激情，在企业内以主人自居，将企业的事情看成自己的事情，对企业有极强的归属感
注重软能力	选择担任 HRG 之人必须心智成熟，拥有极强的沟通能力

第六章　数字经济时代下企业转型的产品创新

第一节　数字经济时代下企业转型的设计创新

一、设计思维：彰显对人性的关怀

随着社会生活水平的不断提高、科学技术的不断进步，消费者在选择商品时会从更多的维度进行综合考量，其中涉及的一个关键问题就是产品的人性化设计。作为“人”，消费者所使用的产品都应该建立在人机工程的基础之上。而人机工程学在发展过程中，经历了以“物”和“人”为中心的两个阶段，目前进入“追求人与物和谐”的新阶段，人们如今所要求的产品设计人性化就是这一和谐关系的体现。

当前，世界经济正处于高度发展的阶段，生活所需的物质得到了极大的丰富，在这样的背景之下，人们的消费需求变得更加多样化，开始追求更高层次的文化与精神的享受。也就是说，消费者对于产品的要求已经不再满足于可用与好用的阶段，而是提高到一个新阶段，即要求产品具备一定的文化与情感内涵。虽说产品设计并不能完全满足人类的高级心理需求，但是其具备满足这一需求的能力是毋庸置疑的。

因为生产技术与产品功能的均质化趋势，市场上的产品日益呈现同质化现象，如此一来，企业之间的竞争就变得愈加激烈。而产品设计的人性化能够不断地丰富产品的种类与款式，提高企业的市场竞争力，消费者也能够在丰富的产品种类中寻到符合自己需求的产品。

如上文所说，人性化设计的产品在具备完善使用功能的基础上，还蕴藏丰富的文化与情感内涵，能够满足消费者日益增长的多样化的消费需求。此类产品在操作上，能够体现其与消费者之间更加友好的关系，且能够为消费者带来精神愉悦与享受。这就对设计师提出了更高的要求，他们不仅要对消费者进行有针对性的研究，还要进一步研究产品的使用情景与状态。此外，产品与消费者之间的非物质性关联因素也不能忽略。总之，就是要求设计师必须对产品进行全方位的设计，无论是物质层面还是精神层面，都需要顾及。

设计思维的一个重要因素，是对人类自身的关怀。举例而言，目前人们的环保意识越来越强，设计师也应该将这一意识融入自己的设计理念之中，争取以最小的资源代价谋求最大的使用价值。设计师在设计产品时，秉承绿色环保的理念，是为我们所生活的环境负责，为人类的生存与未来负责。

除此之外，设计师也应该加强与消费者的沟通，这样才能在保证产品基本功能的基础上，深度挖掘能够满足不同消费群体心理与精神需求的内容，使得消费者与产品之间的关系更加和谐。在高节奏的社会生活中，现代人面临着生活、工作等种种压力，所以更加看重精神方面的需求。人性化设计恰恰能够在满足实用功能之外，将现代人的思想、追求、愿望等体现出来，为人类带来一定程度的慰藉。

除了产品的设计过程外，人性化还表现在为产品命名上，有时候一个恰到好处的名字绝对可以起到画龙点睛的作用。一个恰如其分的名字有时候能够为消费者带来无穷无尽的想象，甚至还能够起到深化主题、升华思想的作用。

意大利的设计师就深谙此道。在很多人眼中，家具仅仅就是一个物件，是用来休息或放置物品的。而在意大利的设计师眼中，家具其实是一个“避难所”，能够帮助人们平复失落的情绪，为人们提供舒适放松的氛围，所以意大利设计师的设计理念是：为一个没有时间做梦的世界提供梦想。

年轻的设计新星马西姆·约萨吉尼就是其中的一个，他将自己的作品扶手椅命名为“妈妈椅”，这样的名字听上去仿佛蕴含了许多柔情，为这一单纯的扶手椅赋予了特别的意义。拥有了这样一个充满亲情的名字，使得扶手椅这种极为普通的家具有了独特的含义，让使用者在使用时还可以感受一种温暖、享受一种保护。正是由于这别具一格的设计理念，使得他设计的产品仿佛拥有了生命。

当前，在满足消费者日益多样化、个性化的消费需求的同时，也有些产品会掉入过度设计的陷阱，甚至毫无节制。此时，设计师们就应该意识到适度的重要性，秉持恰到好处、过犹不及的理念进行产品设计，并寻求消费者的认同。

二、功能规划：精准对接用户需求

所谓产品功能规划，即预测产品的发展，并在发展的过程中协调各种不同的功能，使产品能够健康有序地不断发展。一般来说，这一过程需要对社会需求、科技、价格、使用情况等各种因素进行综合性的考虑。

如今市面上较为流行功能性服装，设计师在男士的商务服饰上增添了许多口袋，比如，Trek&Travel 的品牌就有一款产品，从里到外大大小小的口袋足有十个之多，而且每个口袋都有专门的用途，有的专门放信用卡、有的专门放手机、有的专门放登机牌，而且这些口袋都可以脱卸。其实，从实际使用的角度来说，这些口袋并不是全都有用，而这就需要在功能上进行规划与筛选了。

设计师在设计产品时要通过细分确定使用对象，然后将使用对象的典型特征与需求提炼出来，并将之视为确定功能需求的参考依据。在科技手段日益提高的今天，越来越多的多功能产品投入生产，但是这些功能并不是全都有用，这就需要把握一种平衡，将功能控制在用户可以承受的易用性范围之内，并将最低限视为一个标准用来衡量功能的丰富程度。

满足用户对产品功能的需求，一直以来都是一些产品设计师的重心所在，所以他们在市场需求这一问题上具备足够的适应能力与弹性。

20 世纪八九十年代，一款名为 Walkman 的音乐播放器风靡世界，并由此产生了一种 Walkman 文化。这一电子产品是索尼公司的创始人盛田昭夫在打网球时灵机一动的产物，由于其运用了公司先进的电子技术，产品的外观虽小但既能收音又能放磁带，用户在使用时还可以将之放在口袋内或者别在腰带上。

这一产品的问世，带来了诸多功能上的变化，而功能从本质上来说是为用户服务的。如果功能的增加使得用户使用更加方便，说明增加的功能是必需的；反之，则说明功能是多余的，这其实就是功能规划人性化的佐证。

三、造型语义：赋予产品精神符号

造型语义是产品人性化设计中的一个极为重要的方法，是通过造型传达某种意境，从而吸引消费者的眼球，并引发其情感与同理心理。一般来说，好的产品造型能够第一时间吸引消费者并给其留下印象，所以造型要素是设计产品时备受关注的一个方面。

此外，功能也好，使用方式也罢，最终都需要通过造型明确与实现。其实，人性化设计对人类来说，是高于生存的一种追求。在数字化已成主流的当下，产品设计在细致考虑消费者的操作方式与使用行为的基础上，通过造型语义为产品赋予一种新的生命力，使得产品脱离了身外之物的定义，成为人的某一部分。

产品语义学是产品符号学的一个细分领域，于 1983 年由克里彭多夫和朗诺何夫妇提出，之后由美国工业设计协会 IDSA 明确提出并给予定义，即研究人造物的形态在使用情境中的象征特性。此后这一概念被运用于设计中。1984 年，克里彭多夫在这一基础上对产品语义学作了进一步的定义，他认为这一学科是针对既有事物所做出的新的觉醒，产品在拥有基本的物理技能之外，还应该将如何操作使用通过某种方式暗示或揭示给消费者，与此同时也应该具有象征意义，能够将人们带入某种象征环境之中。

克里彭多夫将消费者对产品的理解具体分为四个阶段，如表 6-1 所示。

表 6-1　消费者理解产品的四个阶段

阶段	具体表现
产品辨明阶段	消费者在区分产品的类型时主要是根据视觉线索
自我验证阶段	消费者会对产品进行实际操作，然后根据运行的不同状况进行判断
发现新形式阶段	消费者会在不断地使用过程中逐渐熟悉产品的工作原理，在此基础上可能发现新的使用方式
解读符号的语境阶段	消费者会以自身所具备的各种知识、常识以及社会特征与美学价值等为依据，对产品进行内涵解读

要将语义学融入产品设计之中并不容易，这需要设计师自身具备深厚的文化底蕴，且对产品特性有着较为深入的研究。现代设计教育学院包豪斯的著名设计师郝伯特·拜耶认为，视觉设计能够让人类与世界更容易被理解。

娴熟地运用造型语义，使功能与形式实现高度统一的产品设计才可以称得上是优秀的工业设计，而优秀的工业设计一方面能将产品的使用特性准确地传达出来，另一方面能将设计师对消费者的人文关怀体现出来。

悉尼奥运会火炬的设计理念来自悉尼歌剧院的建筑形态、太平洋的海水以及飞去来器的弧线，能够在恶劣天气情况下保持燃烧状态，它还设置了自动熄灭功能，使火炬的功能与形式达到了完美的统一。

四、材料选择：创造极致产品体验

材质的选择从根本上决定生产制造出的产品品质，毕竟低劣的材料是无法呈现完美、精致的效果的。且不说同样的设计，就算是较为简单、平凡的设计，使用品质较高的材料制作，效果也会非同一般。

材料其实是会“说话”的，其肌理、质感、特性等能够告诉消费者它会为他们带来何种体验，还能够与他们产生情感共鸣。比如，材料能够从触觉上为消费者带来舒适的感觉，而生理上的舒适其实包含了多种特性，如透气性、保暖性等。一直以来，选择何种材料制作产品并未受到设计师关注，但不可否认这确实是人性化设计的一个极为重要的组成部分。

调温服装就是兼顾了安全与适应环境两个方面的选择。那些常常进行跨纬度迁徙的人都会面临这样的问题，因为温差的缘故，起点与终点之间可能差着一个季节，所以在衣服携带上就需要参考两地的温度，如此一来就会不可避免地增加负担。

而调温服装的出现就将处于这种窘境的人们解救出来了，它能够随着气温的变化自动调节衣服的温度。无论是从寒带去热带，还是从热带去寒带，调温服装都能够进行相应的调整，从而保护穿着者的身体不会被骤变的气温所伤害。

五、色彩运用：拉近与消费者的距离

无论是从美学还是心理角度，色彩的运用都具备非常重要的功能。梵・高曾说过，“没有不好的颜色，只有不好的搭配。”实际上，如果运用得当，色彩能够将人们的情感体验或内心感受呈现出来，在产品设计上也是如此。对消费者来说，最能够直接反映自己感受的就是色彩，而不同的色彩也能够彰显不同的物理性质，比如，冷暖、远近等。

色彩其实能够给人一定的心理暗示，比如，居住房间的装修与装饰是以黑色为主色调，如果再搭配其他的冷色调，肯定不会给人带来任何温暖、温馨的感觉，长期处于这样的环境，个体可能就会产生冷漠乃至恐惧的感觉。

在机械化大生产的背景下，多数产品都呈现冷静、理性的特性，所以在颜色使用上多是中性色，若是在此基础上增添一些适当的色彩装饰，不仅能使产品更具趣味性，还能够彰显设计的人性化。事实上，不同的消费人群有不同的主色系，比如，老年人多会选择沉稳的色彩；年轻人则对那些对比度较大的色彩搭配感兴趣；小朋友适合高饱和度的颜色；运动员对刺激性颜色情有独钟；身体较为虚弱的人则偏好暖色系。

苹果公司生产的产品一向受时尚人士喜爱，其 iMac 电脑抛弃了传统的灰黑色，使用透明的水果色，用活泼生动的感性形象替代了冷漠的理性形象，极大地拉近了产品与消费者之间的距离。

六、操作界面：人性化的交互设计

试想一下，在坐电梯时按了按钮却发现灯没有亮，我们的心情会如何？灯不亮的原因有多种，可能只是指示灯坏了并不影响电梯使用，但我们可能就会忐忑或是沮丧，怀疑电梯是不是坏了。这一生活中常见的例子说明了作为传达信息与相互沟通载体的操作界面的重要性。

所谓界面，指的是物体之间的接触面。而在产品设计领域，界面的含义却有不同的衍生，指的是人与物之间进行相互沟通的一个连接。严格来说，操作界面可以从属于功能规划板块，但是因其重要性故单列了出来。

随着科技手段的不断发展提高，人类生产出的产品越来越先进，于是就出现了这样一个问题，即怎样使用这些高科技产品，而这其实就是操作界面如何使用的问题。有些产品上按键太多，消费者根本不知道该如何选择，用的都只是最基本的那些功能，而产品所附带的其他功能因为不会操作而被搁置了，这都是在设计操作界面时没有体现人性化的缘故。

佳能的傻瓜相机为何能够得到世界各地消费者的喜爱？原因就在于其操作界面非常人性化，无论什么人都能够一键拍照，它去除了繁杂专业的对焦、手动相机光圈、快门、曝光等环节，真正实现了单键作业。

在设计界面时，设计师不仅要注重功能规划，还要在识别、使用上进行简化，使之更易操作。换句话说，就是秉持着方便、容易的原则对产品与消费者之间的关系进行全面思考，使得产品更具人性化。

第二节　数字经济时代下企业转型的开发创新

一、产品开发的三种创新战略

企业开展营销活动无非是为了提高产品销量或品牌影响力，优秀的营销方案能够让企业的产品及品牌形成较高的辨识度，对目标群体的消费决策产生十分积极的影响。但在用户需求主导的新消费时代，营销方案只不过是一种外力手段，如果不能为用户提供满足其需求的产品，再完美的营销方案也无法达成预期目标。所以，产品的开发及创新就显得尤为关键。

产品开发和创新是企业赖以生存的重要基础，是企业能够长期保持市场竞争力的有效手段。能够打造一个被目标群体广泛认可的产品，是多种战略决策综合作用的结果。比如，对目标群体进行定位、整合优质资源、搭建跨部门开发团队、搜集用户反馈等，都会对产品开发与创新的结果产生影响。

当企业陷入发展困境，如市场供给远大于需求，或竞争对手掀起惨烈的价格战时，产品开发和创新往往是最为简单、有效的破局方式之一。在激烈而残酷的市场竞争中，企业需要不断进行产品开发与创新，从而使自身保持旺盛的生命力。

近几年，企业界兴起的产品开发与创新工程就是强调协调技术、管理及创新等要素之间的关系，将其融入一个完善的产品开发与创新体系之中，甚至内化为企业文化。

商品本身仅是产品的一部分，创意、服务、信息等也属于产品范畴，当然市场中也包括虚拟的产品，但不管形式如何，优秀的产品最为关键的一点是要能够迎合用户需求，并为用户创造价值。市面上大部分所谓的新产品实际上是对原有产品的更新迭代，真正具有创新性的产品仅占较小的比例。

（一）产品迭代更新

随着用户需求不断升级，现有产品可能已经无法满足用户需求，而且用户长时间使用同样的产品会产生疲劳感，从而导致企业在市场竞争中处于劣势。更为关键的是，市场中的竞争对手可能会推出同质化或者更为先进的产品，此时，如果企业不对产品进行更新迭代，很容易被后来者取代。事实上，对于那些已经有稳定用户基础的产品来说，企业往往只需要对产品的某些细节作出调整就能留住用户。

（二）产品模仿

当市场中出现创新性的产品时，企业可以根据这种新产品提供的思路与方向进行相关领域的研发，从而开发出类似的产品。

这种模仿和直接抄袭有着本质上的区别，就像我国科学家研制核武器一般，当了解到美国研发出核武器并应用于战争后，在美国没有提供任何帮助的情况下，我国科学家经过长时间的探索与研究，最终成功研发出原子弹和氢弹。

（三）产品创新

产品创新是将新的理念、技术、功能、生产工艺等应用于新产品中，它能够给用户带来更为优质的体验。与此同时，具有创新性的产品丰富了企业的产品体系，能够为企业吸引新的用户，从而带来新的利润增长点。

新产品的开发应该有完善的战略提供支持，遵循一定的流程与标准，这样可以加快研发效率，降低开发风险，否则很容易给企业造成严重的资源浪费。

二、产品开发的实战流程

企业在实施产品开发与创新前，需要对产品进行精准定位，也就是明确产品要为用户创造何种价值。所以，产品的生产过程、制作工艺、增值服务等都能够成为卖点，帮助企业更好地打开市场。产品开发不能简单地从技术角度入手，而是要从一个管理过程的角度思考，这将有助于企业将资源与精力集中在实现产品开发与创新目标的过程之中。

（一）产品开发流程

一个完整的产品开发流程应该包括以下六个步骤。

（1）开发创意。开发创意是产品开发的基础。创意的产生没有固定的方法，开发人员的灵光一现、用户提供的反馈建议、竞争对手的竞争手段、市场发展潮流预测等，都有可能成为开发创意的手段。这就要求开发人员对外界信息保持较高的关注，不仅要掌握本行业的信息，也要了解周边行业甚至更多行业的信息。

（2）创意评估。找到开发创意后，为了降低开发风险，还要对创意进行评估。比较理想的状态是，开发团队各成员同时提供多个创意，然后进行集体讨论，根据开发成本、开发风险、与企业战略目标的契合度、市场需求等因素进行综合评估。

（3）概念开发。产品概念是指通过有意义的顾客术语对产品构思进行详细描述，概念开发的过程也是对新产品创意进行提炼发展的过程。在该过程中，需要从原创技术和营销推广的角度进行分析，企业是否具有开发这种产品所需要的技术、资源，这种产品是否迎合市场发展潮流，竞争对手是否有开发这种产品的战略规划等，这些都是概念开发阶段需要思考的问题。

（4）商业价值评估。即评估该产品的开发成本、投资收益、回报周期等。有相当多的产品需要较长的研发周期（比如，药品、军工产品），而且开发完成后还存在一定的市场培育期，开发周期越长，也就意味着企业承担的风险越高，因此，资金相对缺乏的中小企业对此要尤为慎重。

（5）产品开发。进入产品开发阶段后，技术开发与经营性开发成为两大主线，对产品的材料、样式、功能、生产工艺、运输方式、配套服务等都需要进行明确。开发出产品原型后，还需要经过充分的市场调研不断优化完善。

（6）产品投放。为了确保投放效果，需要在营销推广、售后服务等方面提供支持，为了避免造成严重库存积压，可以采用小规模、多频率的投放方式。与此同时，企业还需要对用户意见进行搜集并分析，实时关注竞争对手的应对策略，必要时可以对产品作进一步调整。

（二）管理革新

很多人会将革新简单地局限在科学发展与技术突破层面，但事实上，革新包括的范围相当广泛，技术、产品、理念、流程、模式、组织结构、管理手段等诸多领域都会涉及革新。成功实施革新，需要在有完善创新方案的基础上，提供执行方案所需要的技术、设备、资金等资源。

企业不能为了追求业绩稳定而因循守旧，在市场竞争越发惨烈的数字化时代，不能进行持续创新的企业将会被市场淘汰。创新给企业带来的变化并不局限于某种具体的事件，而是多种行动和方案的综合结果。高层管理者需要对革新进行综合性、系统性的管理，并在组织架构、企业文化等方面为企业革新奠定基础，引导员工树立终身学习的理念与习惯，将生活与工作中的灵感和创意等转化为产品。

产品开发和创新都是战略性活动，在跨界融合成为常态的背景下，企业不仅要面对同行业的竞争对手，还要应对各种跨界而来的颠覆者，只有不断对自身的产品及服务进行创新，才能长期保持较强的市场竞争力。在核心产品、实物产品、延伸产品这三大产品层次中，能够给用户带来优质体验，并具有较高溢价能力的延伸产品，尤其需要企业管理者给予高度重视。

对企业发展而言，创新是一个管理过程，最终的目标是创造出新的技术、工艺、功能、模式等。创新活动的顺利开展需要有创新性的企业文化提供支持，促进组织成员的交流沟通、资源共享，并为优秀的创意项目提供物质或精神奖励，这样才能最大限度地激发组织的活力与创造力，灵活应对日益复杂的市场竞争。

三、新产品开发的项目管理

企业的核心竞争力集中体现在对新产品的开发上。在具体实施过程中，企业要对新产品开发的全过程进行全面的管理与控制，在保证产品质量经得起市场检验的同时，实现对产品成本的有效控制。如此一来，企业的新产品才能在市场竞争中掌握更多的主动权，确保产品价格能够被消费者接受，从而促进产品的销售，给企业带来利润。不过，在进行市场运作的过程中，企业要想提高销量，不仅要保证新产品的质量过关，还要实施科学、高效的营销策略，为产品在市场上的推广提供助力。

在新产品开发的准备阶段，企业要着手开展市场调研，这是新产品开发和营销的首要任务，目的有两个：一是确立产品开发的市场定位；二是了解新产品目标客户的相关信息，把握消费群体的需求特征、消费习惯等。在进行深入市场调研的基础上，企业能够科学制定新产品的开发规模，并在运行过程中进行调整，完善前期提出的新产品开发设想，优化产品构想与产品功能特性之间的关系，根据消费者的需求对产品进行调整，保证推向市场的新产品能够得到消费者的认可。

所谓项目管理，即企业的临时性组织在某段时间内按照既有的计划实施管理与控制，对现有资源进行整合利用与优化配置，采用系统管理方法以达到一定目的。在新产品开发过程中，企业要对新技术进行应用，从这个角度来说，新产品开发的变革性及其复杂程度主要取决于新技术的变革性及复杂程度。

（一）时间管理

企业在进行新产品开发过程中，可以采用工作分解结构法将开发过程拆分为相互关联的工作部分，从而降低管理难度，提高管理精度。在这种模式下，新产品开发团队能够提高自身的项目管理能力，明确不同项目工作之间存在的交集，从宏观角度对整个项目进行把握。

对新产品开发目标进行分析，对项目工作进行层层拆分，保证各个项目工作能够被真正执行。

通过实施拆分处理，使得新产品开发的各个项目及流程都更加具体，各个运作流程所需的时间也更加清晰，不同环节之间相互独立，便于项目开发团队进行时间管理。

为保证产品质量、控制开发成本、完成开发计划等做好铺垫，并在后期追踪开发进度，实施精细化管理。

（二）质量管理

在对新产品开发实施成本管理时，企业应该遵循 PDCA 循环原则，制订科学、合理的质量计划，并进行计划实施，在后期运营及发展过程中逐渐提高产品质量，体现新产品开发团队的质量管理能力。

PDCA 循环是全面质量管理的思想基础和方法依据，它将质量管理分为以下四个阶段。

（1）计划（Plan），制定质量管理的相关决策，并对具体管理活动进行规划。

（2）执行（Do），参考既往已有的信息、数据，将制订好的计划付诸实践。

（3）检查（Check），在实施计划的过程中，对执行效果进行检验与分析，对有效计划和无效计划加以区分。

（4）处理（Action），承接上一个环节的检查结果，在确定哪些计划有效、哪些计划无效之后，要继续实施有效计划，并进行标准化处理，拓宽应用范围；对于无效计划则需总结失败教训，并暂停该类计划的实施。

企业只有遵循 PDCA 科学循环原则，才能优化新产品的质量，并使自己的产品比其他同类产品的质量更具优势。在具体管理过程中，先要制定新产品质量目标和质量控制决策，在具体开发时，要遵循既定的质量控制决策实施计划；之后，要对新产品的质量进行把关，对质量决策发挥的实际作用进行考察；在整个过程中，要摒弃那些不具备实际作用的质量管理决策，从而实现 PDCA 的完整循环。企业在开发新产品的过程中，要依据相应的 PDCA 原则，通过形成完整循环实现产品质量的提升，并有效降低产品的开发成本。

（三）成本管理

多数企业运用价值工程分析法实施成本管理，这种模式着眼于将产品功能与产品成本进行比较，能够对产品的成本、功能及价值进行量化处理。在分析新产品的价值时，采用这种模式的企业会计算产品功能与价值的比值，用于展示产品的性价比。

在这种思维模式下，企业可通过两种途径实现产品价值的提升：一是在维持现有成本的基础上，提高产品功能；二是在保持产品功能的同时，降低产品成本。为了提高新产品开发团队的成本管理能力，企业要协调处理产品功能与产品开发成本之间的关系。

四、苹果公司新产品的开发管理

身为世界级知名移动通信企业，苹果公司站在行业发展的先锋地位，代表该领域发展的先进水平。苹果公司集中精力开发具备使用价值的创新产品，覆盖移动通信设备、多媒体应用、游戏等诸多领域，在拓展公司自身发展道路的同时，也给用户提供了多样化的选择。

纵观苹果公司的发展历程，从初期探索到取得举世瞩目的成就，其间不仅经历了飞速增长，也有过业绩平平时期。在这个过程中，苹果公司大胆创新，不断推出新产品。为推动产品研发，苹果公司着手实施新产品开发项目，组建产品研发项目团队，并遵循苹果新产品开发流程（Apple New Product Process）实施产品研发计划。ANPP 以文档形式对产品开发的各个流程进行了详细表述，明确列出产品开发过程包含的几个阶段，并对各个阶段承担的任务和目标进行了清晰界定。

该程序对企业的产品开发进行了科学的规范，确立了各个阶段的项目负责人，并设定了项目启动与结束的具体时间。依据 ANPP 原则进行项目开发，便于苹果公司对新产品开发过程进行科学、有效的管理，强化对整个过程的控制作用。与此同时，为了确保开发项目按照既定计划实施，苹果公司会定期对项目的开发进度进行核查，确保能够在预定时间内完成新产品的开发工作。

从成本的角度分析，苹果公司的设计部门与财务部门之间是完全独立的，公司非常注重设计，致力于为设计师提供充足的资源来实现他们的创意，在很大程度上降低了制造流程、财务预算等环节对产品设计的影响。苹果公司在新产品设计及研发环节未设置成本上限，没有考虑后期制造流程中对材料的应用。

从项目管理方面分析，新产品的开发成本对最终的产品成本能够产生很大影响。由于苹果公司采用了不同于其他公司的产品设计理念，导致该公司的产品价格远高出同类产品。不过，由于品牌的用户黏性高，产品的市场运营并不会过于受价格制约。

在进行新产品开发的过程中，公司既要注重时间管理，又要实施质量管理以及成本管理，致力于开发出能够满足消费者需求、可实现成本控制且能够增加盈利的产品。要想降低开发成本，公司就要对开发过程进行管理，保证在预定时间内交付质量过关的产品，实现公司最初制定的开发目标。通过实施全方位、系统化的新产品研发项目管理，苹果公司形成了完整的管理闭环，在开发过程的各个环节均可以进行产品的改进与优化，从而不断提升消费者的体验，为公司创造更多的价值。

第三节　数字经济时代下企业转型的产品创新

一、产品拟态化诞生的逻辑

现代管理学之父彼得•德鲁克认为，很多创新是从消费者的认知变化中产生的。为此，企业应该及时感知消费者的认知变化，并抓住机会进行创新。如今产品拟态化正成为消费者的主流认知趋势。

所谓产品拟态化，即缺乏核心应用价值的产品出现在市场上并得到消费者的认可，消费者往往并不看重这类产品的实际功能，也就是说，即使缺乏核心用途，也没有品牌所具有的精神文化价值，这种产品依然能够存在于市场。

产品拟态化出现与发展的原因主要在于消费者对产品的价值需求不同于以往。随着市场环境的发展变化，人们的消费能力逐渐提高，消费心理也日渐成熟，在进行产品选择时，消费者更加注重自身心理需求的满足。而现阶段存在于市场的拟态产品都具备明显的舒缓压力的作用。

在现代化社会环境下，人们的日常生活及工作节奏不断加快，消费者需要通过合理的方式与途径释放自己的压力。在这种情况下，消费者的部分购物行为不再取决于商品的实际功用，情感及心理因素在决策过程中占据了更加重要的地位。与之前相比，现如今企业身处的营销环境也已经发生了很大的变化。

虚拟社区的快速发展促进了虚拟产品的流行。当新的消费行为逐渐被人们所习惯时，与之相关的新形态产品也会得到更多人的认可。举例来说，当消费者在网络平台购买的虚拟产品越来越多时，他们对各类拟态化产品的接受程度就会提高，并逐渐开始在线下消费拟态产品，这种新的消费习惯并不是只出现在个体消费者身上，而是在群体中扩散开来。

数字化时代的到来，使得品牌、产品与消费者之间的关系呈现新的特点。企业经营者要清楚，营销是品牌、产品与消费者之间相互影响的过程。企业推出的营销活动之所以能够对消费者的行为产生引导作用，从根本上来说是因为满足了消费者的需求。

与此同时，消费者也会对产品和品牌的发展产生影响。举例来说，消费者需求的变化、生活方式及生活习惯的变迁、媒体技术的传播、科技力量的驱动、品牌文化的升级等都能够作用于企业的品牌及产品。品牌、产品与消费者之间的关系演变，是产品形态发展的决定性因素。

从宏观角度分析，品牌、产品及消费者之间的关系发展经历了一下三个时期。

第一个时期，企业的产品对三者之间的关系起决定性作用。

第二个时期，品牌取代产品占据主导位置。

第三个时期，消费者掌握更多主动权，企业会根据消费者的需求变化调整自身的品牌战略及营销方式。

消费者的选择及其行为习惯能够在很大程度上决定产品的形态。随着这三者之间关系的发展变化，消费者对企业产品和品牌的影响愈加明显，企业在日常经营及营销过程中也越来越重视消费者的个性化需求。

当消费者在营销过程中占据主导地位时，外界因素对他们的影响就不再那么明显，企业也开始重视消费者的多元化、个性化需求。比如，星巴克与麦当劳通过敏锐感知消费者的个性化需求开展社交网络服务 Social Networking Service 营销，实现了营销模式的创新。

消费者能够对企业品牌的发展方向产生决定性影响，企业的产品属性也取决于消费者的需求，如今，消费者的影响力仍在不断增强，即便是那些产品缺乏实际功用、与传统意义上的产品存在明显区别，只要符合消费者的需求就能得到市场的认可。

二、聚焦产品概念与精神内涵

随着消费者影响力的不断增强，产品概念越来越多地取决于消费群体而非生产者。即便产品不具有实用性特征，缺乏核心用途，只要该产品能够给消费者带来心理上的愉悦感，就可能被消费者接受。另外，有些虚拟产品表现为特定形式，能够起到象征性作用，也可以通过某些渠道被推向市场。

现代营销学之父菲利普·科特勒认为，产品的整体概念包含三个层次，分别是核心产品、有形产品和附加产品。

在传统模式下，该理论为许多企业的营销布局提供了重要的参考。如今，这种理论正在被打破，当产品取决于消费者时，核心利益也不再是产品不可或缺的概念组成。换句话说，即便缺乏实体利益，只要得到消费者的认可，产品的概念仍然成立，拟态化产品已作为一种主流发展形态出现在市场上。用户的消费行为及价值选择的改变，已经影响产品未来的发展方向，其特征体现为：

抽象的产品形态逐渐取代实体形态占据主导地位；相比产品的实际功能，消费者更加注重心理层面的需求；拟态产品由线上渠道逐渐转向线下。

如今，市场上存在的虚拟化产品不断增多，这种产品有别于传统意义上的产品，除了形式上的转变之外，产品概念也从具象趋于抽象。

随着产品拟态化的发展，消费者带来的影响在促使企业改革传统营销方式的同时，也打破了产品的传统定义，使得原本不属于产品范畴的事物作为创新产品被人们所认知。从宏观角度分析，消费者的影响将带动营销行业的变革，给企业带来创新的机遇。然而，企业不能只凭借对未来趋势的预测开展创新，否则可能承担巨大的损失。

从长远发展角度分析，企业要从产品拟态化快速发展的趋势中认识到，所有事物都不是一成不变的，就算企业不能根据当下的市场发展形势推出有效战略，也要及时感知消费者群体的变化。传统模式下企业对消费者的关注主要聚焦于消费者对其营销方式的接受程度，如今消费者的影响则能够深入产品的内涵层面，产品拟态化就是一种表现。为此，企业经营者需要提前作准备，以免错过发展机会。

企业要想提高营销效果，就要积极进行产品创新。企业开展营销的目的是与消费者展开高效互动，最终促成产品销售。现阶段，企业在进行创新式营销布局的过程中，大都聚焦于采用新型营销手段，比如，更新产品包装以吸引消费者的注意力。但由于产品的定义已经不同于以往，企业应该在产品策划阶段就着手进行创新。概念层面的创新能够使企业的产品策划形式变得更加丰富，可以通过满足消费者的心理及精神需求，进一步提高产品的附加值。

三、直击消费者痛点与心理需求

在传统的营销模式中，企业同样关注消费者的心理需求，但与现在不同的是，此类需求离不开产品的实际功能。随着拟态化产品被越来越多的消费者接受和认可，产品已经可以脱离实际功用独立存在，即便企业推出的产品缺乏实际使用价值，也可能满足消费者的心理需求。

因此，企业在营销策划阶段，就要突破传统的产品概念界定，找到消费者心理需求的痛点。比如，众多的虚拟产品都能够不同程度地满足消费者的心理需求，使其获得精神上的慰藉，并表明自己对潮流文化的追逐。

企业在进行市场调查的过程中，可以采用深度访谈方式，对消费者的文化背景及个性化心理需求进行把握，并据此推出相应的产品。此外，在进行产品设计的过程中，若只关注个体消费者的感受，就无法创造完整的产品概念，为解决这个问题，企业应该对消费者群体的情绪变化进行感知，推动产品设计与生产的完成。将消费者作为群体进行分析，与对消费者个体进行分析类似，均需要着眼于心理需求方面的变化，并据此设计满足消费者心理需求的拟态产品。

比如，如今很多“80后”都在追忆逝去的时光，承载这些记忆的拟态产品开始流行于市场，商家不妨抓住这个机会，将那些能够引发“80后”群体感慨与怀旧情绪的回忆元素融入产品中，如果条件足够，也可以发展为拟态产品，将记忆作为核心卖点。

当物质需求得到满足后，人们就会越来越注重自己的精神与心理需求，企业应该通过对消费者心理需求的把握进行产品设计与生产。以对心理需求的满足为出发点，企业在推出新概念的同时，可以生产承载这种概念的实体产品，比如指针能够倒转的时钟或手表，这种产品虽然缺乏实际功能，但可能切中消费者的感性需求。

四、概念创新与实体载体相融合

随着拟态产品的快速发展，消费者的需求也在不断升级，消费者的注意力从实体产品的功用逐渐转移至产品的象征意义方面。拟态产品通常要依托实体载体面向消费者，不过实体载体并不具备实际功用，只是更加符合消费者的心理期待。

企业在注重产品概念创新的同时，也不能忽视对实体载体的设计，要将两者融为一体。举例来说，回忆虽然能够带动一系列拟态产品的挖掘，但承载这个概念的实体产品也应该能够引发消费者对旧时光的联想。

产品拟态化已然成为未来的发展方向，但在具体的产品策划及生产过程中，企业需要明确的是，目前完全的拟态设计还不成熟，为了有效激发消费者的购买需求，要将实体产品与象征意义融为一体。从传统产品发展的角度分析，拟态化也能够增加产品的价值。

快速发展的虚拟经济能够通过线上渠道满足消费者的心理需求。比如，网络游戏吸引了众多玩家，为了在游戏参与过程中获得更多技能，不少玩家付费添置游戏装备，通过网络渠道获得精神层面的满足。现如今，网络渠道的虚拟化产品正逐步过渡至线下渠道。商家要进行虚拟产品的经营与销售，就要进行渠道打造，通过营造恰当的氛围吸引消费者参与并激发其消费欲望。

企业在进行渠道设计的过程中，既要注重对新概念的提取，又要注重对载体形式的设计，还要选择合适的销售方式与销售途径。举例来说，企业通过感知消费者的怀旧情绪，将怀旧作为拟态产品的核心元素，为促进产品销售，还要对概念载体进行设计，并注重店内氛围的营造，从而激起消费者的怀旧情感，促使消费者做出消费决策。

传统的产品界定方式被打破后，将从根本上颠覆原有的产业链条，这种变化趋势将给创业者带来更多的机遇，有助于初创企业开拓市场空间。产品拟态化仍需经历漫长的时期才能形成一定规模，创业者应该抓住这个时机，尽快展开布局。

当消费者越来越注重自身的个性化需求时，市场环境也就更适合产品拟态的发展，企业在产品策划阶段，将更加注重产品创意。目前，不少独立创业者及小规模企业均聚焦于产品创意方面的开发，现阶段企业提供的产品创意与早期的拟态产品存在许多共通之处，具体表现为产品的价值主要体现为创新概念而非实际功用。

传统模式下，企业的创意并不集中，初创企业要使自身发展符合产品拟态化的大趋势，就要将分散的创意进行系统化整理，对消费者的个性化需求进行把握，聚焦于垂直领域的发展，逐步形成一定的规模效应。为了获得更好的发展，传统企业不妨联手优秀的产品设计人才，在进行概念提取的同时，选择合适的渠道并进行载体设计。

企业经营者需要明确，产品拟态化的发展尚未成熟，现在只是刚刚起步，在企业的未来发展中未占据主导地位，也就是说，拟态产品并未得到全体消费者的认可。不过，从长远发展角度分析，如果企业等到拟态化成为主流时再采取行动则无法抢占先机，企业要对产品拟态化保持敏锐的洞察力，积极改革传统营销手段，使自己成为营销新时代的引领者。

第七章　数字经济时代下企业转型的品牌体验

第一节　数字经济时代下企业转型的品牌变革

一、思维层面：数字化品牌新思维

近些年，我国数字经济发展迅猛，不仅重塑了传统的社会生产生活方式，也逐渐成为国民经济的重要组成部分和发展新动力。数字经济利用数字技术与传统应用和服务进行连接融合，并推动后者的变革、转型和升级，实现新兴技术与传统企业的对接、匹配、互补、融合，有效提高了企业的整体效能。

数字化经济不仅给国民经济的发展、传统的产业模式和人们的日常生活方式带来巨大冲击，也为企业品牌传播推广提供了新的思路和更广阔的想象空间。

品牌推广是企业为获得消费者认同而采取的一系列营销推广活动和过程，最终目的是塑造和维护良好的企业或品牌形象，提高品牌影响力，并提升产品销售。因此，品牌推广是品牌建设的重要一环，没有品牌推广的有力支撑，企业的产品或品牌创意再好，也无法让众多消费者看到，自然也就不能创建具有高知名度和美誉度的强势品牌。

传统的品牌推广主要是借助电视、报纸、杂志、户外广告等媒介载体进行广告推送、讲述品牌故事以及开展品牌公关活动等。与之相比，多元化的数字化媒体则极大丰富了品牌推广的形式和内容，比如，依托互联网，当前已形成微博、微信、搜索引擎、微电影、电子杂志等众多可供品牌进行推广的方式，信息载体和传播渠道也从电视报纸等传统媒介扩展至网络、智能手机、移动媒介（如车载移动多媒体）等多种渠道。

内容方面，数字化时代的品牌推广内容也不再是单一的文字、图片或视频，而是有机融合了文字、图片、音频、视频等多种内容形态的全景式传播，甚至是多种内容产品整合起来共同完成一次品牌推广活动，从而获取协同传播效益。数字化技术对传统品牌推广的冲击颠覆是根本性的，要求企业营销管理人员改变以往的品牌推广思维、模式和方式方法。

（一）用户思维

数字化时代，信息高度透明并快速传播，从而在根本上改变了以往由于信息不透明、不对称造成的厂商主导市场的局面，用户逐渐成为市场主导，企业进行品牌推广时必须树立用户思维。

简单来讲，就是企业在进行品牌塑造和推广时，应充分考虑两个问题：一是品牌的目标用户是谁；二是他们的消费理念、行为习惯和需求痛点是什么。前者有助于企业精准定位品牌推广的目标受众，后者则能够帮助企业制定更有针对性的品牌推广方案，从而获取最大的推广效益。

（二）流量思维

品牌推广内容只有成功传递到目标群体面前，才可能获得预期的推广成效。因此，企业营销管理人员应具备流量思维，了解用户的注意力主要停留在哪些平台，是微博、微信、QQ 空间还是抖音、企业官网、新闻资讯平台等，即明确目标受众获取信息的主要渠道，或者对品牌推广而言哪些平台的流量是最优的。

比如，如果品牌的目标用户主要是白领群体，那么品牌推广应更多使用微信公众号、微博平台等进行传播；如果以高校学生为目标群体，则可以使用百度贴吧、社交平台等渠道，以便更容易让品牌推广内容触及用户。

（三）竞争思维

数字化时代下的品牌竞争更加白热化，要求营销管理人员具备竞争思维，树立居安思危的意识，及时敏锐感知市场变化和竞争品牌的动向，并根据品牌竞争需要灵活调整、优化品牌推广策略，从而在日益激烈的品牌竞争中脱颖而出，构建强势品牌。

（四）精准化营销思维

数字化时代，一方面是信息和商品极大丰富，在充分满足人们需求的同时也使越来越多的人面临商品选择困难；另一方面，人们的购物时间和场景呈现碎片化、移动化的发展趋势，导致品牌越来越难以长久吸引和粘住用户注意力。

因此，企业应以精准化营销思维进行品牌推广，精准定位目标受众，并围绕目标群体的需求痛点、习惯、偏好等有针对性地推送信息、产品或服务，借助极致的产品和服务塑造良好的品牌形象，长久吸引用户。

（五）技术思维

借助创新技术和数据平台，企业能够大幅提高品牌推广的精准性，并使品牌推广活动呈现可视化、数据化的特点，从而为营销管理人员设计制定品牌推广方案提供有效依据。新媒体逐渐成为企业进行品牌推广的主要平台，传统媒体广告普遍遇冷，因此，企业营销人员可以选择门槛和成本更低、覆盖范围更广的新媒体广告。

总体来看，互联网平台、电视、移动终端推广平台已经成为企业营销人员进行品牌推广的主要选择；大数据技术的应用则实现了品牌推广活动的数据化、可视化，有助于营销人员及时准确地把握市场需求和发展变化状况，制订更有针对性的品牌推广方案。

数字化时代下，日益激烈的市场竞争和海量的品牌推广信息，也对营销人员提出了更高的设计、创意和制作要求。如何创新品牌推广方案，打造有吸引力的特色内容，使自身的品牌推广方案从海量品牌信息中脱颖而出，占据用户心智，成为企业营销人员需要充分考虑的重要议题。

二、传播层面：消费者主权的崛起

美国著名营销专家艾·里斯与杰克·特劳特提出的“定位理论”在营销界广受推崇，但定位理论对品牌延伸的分析不完全准确，现实中将品牌与产品混为一谈是定位论对品牌延伸分析存在局限性的重要原因。品牌与产品之间的不同能够通过多个维度表现出来，这些差异化特征可能满足消费者的个性化需求。若营销者能够从感性层面入手提高消费者对品牌的认可度，也能拓宽企业品牌的发展空间。

定位理论：里斯和特劳特认为，定位要从一个产品开始，这里的产品可能是商品、服务、机构甚至是个体，不过定位不是针对产品要做的事，而是针对预期客户要做的事。换句话说，要在预期客户的头脑里给产品定位，确保产品在预期客户头脑里占据一个真正有价值的地位。延伸取得显著发展成就的企业也不在少数。虽然很多企业的品牌延伸战略并不成功，但不可否认，相比推出新品，品牌延伸的难度更低。

很多奢侈品企业就采用了品牌延伸策略，这些企业涉及的产品往往多种多样，包括服装、鞋子、丝巾、箱包、香水等，也取得了骄人的业绩，原因就在于，企业利用消费者对自身品牌的感性认知，在把握消费者情感需求的基础上进行品牌延伸。由此可见，企业可以从感性层面入手，不断拓宽品牌相关的品类范围。

在这里，我们关注的重点不是应不应该进行品牌延伸，而是要探究互联时代的品牌延伸技术是否已经不同于以往。企业经营者应该正确认识新时代的品牌疆界，并懂得在品牌发展过程中充分发挥技术的推动作用。

定位理论提出于20世纪70年代早期，那时占据主导地位的推广媒体是电视与平面媒体，此时在媒体平台发布信息要消耗大量资金，且受到播出时间、篇幅的限制，能够全面、深入阅读信息内容的消费者仅为少数。但很多营销技巧都是根据这个时代的媒体特征归纳出来的，一直沿用至今。

媒体能够对企业的信息传播产生影响，也能够作用于企业的品牌塑造与发展。艾•里斯认为，对企业品牌发展影响最大的是公关，其次便是广告，这种说法也是与当时的媒体特征不可分割的。通常情况下，企业公关可以利用热点事件吸引人们的注意，提高人们对企业品牌及产品的关注度，使企业品牌给人们留下深刻的印象，为企业的市场拓展打下坚实的基础。

包括定位理论、独特的卖点（Unique Selling Proposition）在内的传统营销模式，都主张企业要迅速提高消费者对自身品牌的辨识度，抢占消费者心智或表现产品的独特优势。与争做行业最优相比，定位理论更倾向于企业应该争做第一，在时间方面占据优势。因为在传统媒体时代，消费者的信息获取渠道有限，能够率先进入他们视野的品牌更容易得到青睐。

与传统媒体时代相比，互联网时代的信息传播方式呈现许多新的特点。通过网络平台，消费者能够查询到更多的品牌及产品相关信息，并参考这些信息做出最终的消费决策。而在传统媒体时代，消费者获取品牌信息的渠道比较有限，往往会根据外在形象对产品整体作出判断；移动通信技术的发展和应用，则使得消费者可以根据产品的细节进行综合评估。

通过分析可以看出，如今的消费者越来越倾向于通过细节描述判断产品。传统媒体时代，企业主要通过电视广告或海报宣传产品；但在互联网时代下，企业则需在网络平台向消费者提供产品及品牌的详细信息，并以文字、图片等多种方式体现。比如，淘宝就提倡商家注重对产品内页的设计，旨在为消费者提供详尽的产品信息，采用不同于以往的营销方式开展运营，吸引对产品感兴趣或存在相关需求的消费者，促使他们对产品进行全面、深入的了解，成为资深用户。

传统媒体时代，开拓新领域的品牌或产品通常能够给消费者留下深刻的印象，在市场上占据优势地位。但在互联网时代，相较于抢占先机，如果企业能够在产品方面表现出色，则更容易在同行业内占据优势地位。因此，在互联网普遍应用的今天，消费者对某种产品产生需求后，通常会对比不同商家、不同品牌的同类产品，从中筛选出性价比最高的产品。

在这样的大环境下，身处互联网时代的企业为了迎合消费者的需求，会推出一些性价比较高的产品或服务，并打造成热门单品。不过，采用这样的模式企业通常要消耗大量成本，为了寻求自身发展，很多品牌商会选择在品类方面进行拓展。

在新时代，企业不能只局限于某个细分市场的发展，而是应该根据自身发展需求，适当地进行品类拓展，而这种运营模式也比较符合当今消费者的习惯。

三、渠道层面：从品牌向产品延伸

传统模式下，企业实施品类拓展策略时，常常会在实际运营中面临各种各样的挑战，不仅如此，企业在营销推广方面还会消耗大量资金。近年来，随着互联网的高速发展与普遍应用，无论是销售渠道还是营销渠道均发生了变化，传统的营销战略已经无法满足企业的发展需求。

传统媒体时代，企业的营销推广主要是为了扩大品牌覆盖面，吸引用户关注，提高品牌知名度，相较之下，互联网媒体时代的企业更注重用户转化。而依托网络渠道开展品牌及产品营销，能够有效提高产品销量，并提升品牌知名度与影响力。

为了促成产品销售，品牌商需要吸引目标用户的注意力，这使得企业的流量成本日益攀升。所以，为了提高投资回报率，不少 B2C 商家都集中精力进行用户转化，并在这个过程中逐步拓宽品类范围。近年来，包括品牌 B2C 及垂直 B2C 在内的经营者，都争相进行品类拓展，为用户提供更加丰富的商品，旨在满足他们多样化的需求。

传统媒体时代，企业的营销推广是从品牌到产品，互联网时代的到来则转变了这种营销模式，这使得企业品牌的可塑性大幅提高。与此同时，消费者也开始参与到品牌塑造环节中，这与传统模式下品牌占据主导地位、消费者处于完全被动的地位截然不同。随着时代的发展和技术的进步，品牌本身的象征意义也会随之改变，对企业发展来说，品牌的市场接受度能够对品牌延伸战略的实施产生重要影响。

在品牌延伸过程中，营销渠道与销售渠道都发挥着重要的作用。不过，在运营实践中，企业的经营者应该以原有渠道为核心，通过充分发挥原有渠道的价值进行品类延伸。

在传统的营销模式下，企业的品牌营销往往是从上到下的，数字化时代的到来，使得这种方式正在被颠覆。在新的时代背景下，企业可采用更加多样化的方式进行品牌塑造及延伸，即使传统营销方式仍有很多可取之处，也要及时进行变革。身处互联网时代的企业，能够借助网络平台的优势与用户进行即时性沟通互动，并迅速获取用户的反馈信息，因此，通过采用新型营销传播方式，企业能够有效进行品牌拓展。

诞生于 20 世纪 60 年代的 4P 营销理论在业界占据重要地位，被很多企业经营者奉为营销圣经。但随着时代的发展，该理论中包含的几大要素都发生了变化，这意味着营销将在理论层面产生变革。现代营销学之父菲利普·科特勒认为，新时代下的营销变革是在价值观的驱动下产生的。因此，企业在实施营销推广的过程中，也要将社会的变化及发展考虑在内。

综上所述，企业可通过实施品牌延伸战略开辟自身的发展道路，未来，品牌拓展的空间将越来越大，受到的限制则会越来越少。

四、公关层面：从单向到互动传播

在传统媒体大行其道的时代，消费者只是从电视、报纸、杂志、户外广告等媒介中被动地接收信息，无法参与信息的传播推广过程，也不能与企业进行有效的沟通互动，导致品牌推广常常难以获得预期效果。而数字化时代微信、微博、SNS 社区等各类新媒体平台的快速发展和普及，使消费者从被动的信息接收者转变为品牌内容的创造传播者，品牌推广呈现明显的互动性特征。

对品牌经营者来说，相比单向的信息推送，及时回复消费者留言、解答消费者疑虑、认真倾听消费者心声，更容易获得消费者的认同与共鸣。同时，持续深度的互动沟通也有助于在品牌与消费者之间建立更强的情感连接和信任关系。

所谓互动营销，指的是通过互动话题或事件吸引众多消费者的关注和参与讨论，从而借助企业与消费者、消费者与消费者之间的互动讨论，实现品牌信息更广泛传播的营销方式。需要注意的是，互动营销中传播的品牌信息既可能是对品牌有利的，也可能是对品牌不利的；同时，意见领袖 KOL 对普通消费者也可能产生很大影响。因此，营销人员在进行品牌推广时，应对该领域的 KOL 进行重点关注和维护，并通过他们宣传正面的品牌形象，获得口碑效益。

此外，公关活动是品牌推广的重要方式，有助于树立良好的企业或品牌形象。数字化时代的到来，推动了公共关系的创新转型，要求企业深刻把握互联网在公众舆论导向方面的重要作用，变革以往基于传统媒体的公关推广模式，构建互联网公关体系。具体来看，营销人员可以从以下几点切入进行公关推广创新。

（1）整合互联网资源，进行多渠道公关推广。数字化时代下，品牌推广可以选择更为丰富多元的媒体渠道。营销人员要精准定位品牌目标消费者的媒体接触点，整合多种互联网资源，进行多媒体、多渠道、多方式的品牌推广，从而获得最优的公关推广效果。

（2）建立便捷、高效的互动平台。数字化中的信息具有流动性强、传播速度快的特点，这就要求企业创新互动平台，依托数字化构建便捷高效的互动交流平台，通过及时有效的沟通互动消除消费者的疑虑，及时处理消费者的反馈和投诉，从而既达到公关推广的目的，也避免品牌负面信息的大范围扩散，预防公关危机。

（3）创新公共关系活动创意。在同质化竞争越发严峻的互联网时代，好的公关活动创意不仅有助于品牌推广信息从海量内容中脱颖而出，吸引消费者的目光，也有利于在公众心中留下良好的品牌印象，提升品牌美誉度。

互联网不仅变革了品牌推广的形式、内容、传播途径、方式方法，也从根本上重塑了传统的品牌推广思维。因此，营销管理人员进行品牌推广时，不仅要从消费者角度出发，也要充分理解并结合互联网的特点和传播模式，制订精准高效的品牌推广方案，如此才可能获得最优的品牌推广效果。

第二节　数字经济时代下企业转型的品牌战略

一、品牌定位：有效提升消费者忠诚度

当越来越多的企业在品牌建设及运营过程中运用体验经济模式时，我们有必要深入分析品牌与体验之间的关系，厘清品牌体验的内涵。采用这种模式的企业，需要从消费者的认知、感官、情感、行为反应等层面考虑问题，并将这种思维运用于品牌设计、品牌包装、营销环境打造、消费者互动等诸多环节中。

消费者在进行商品选择与消费的过程中所产生的心理及行为，实际上都属于品牌体验的范畴，这些体验会对商品、品牌选择产生重要的影响。在产品经济时代，产品的质量及功能是消费者关注的重点，而这属于企业的硬件；在服务经济时代，与产品相关的服务质量是消费者关注的重点，此为企业的软件；在体验经济时代，消费者则更加关注企业硬件与软件之间的结合情况。所以，企业要想获得消费者的认可，就要实现硬件与软件之间的连接，并在长期运营过程中逐步积累品牌的粉丝用户。

在产品极大丰富、市场同质化竞争日益严重的消费社会中，越来越多的消费者开始超越物质性与功能性的产品诉求，转而关注参与互动、自我实现等更高层次的价值满足与体验，从而导致单纯的产品与服务越来越无法长久吸引和留存用户。

基于此，商家也应将营销活动的重心从商品本身上升为品牌体验，通过搭建舒适、便捷的沟通互动场景，并利用吸引眼球的概念和故事，有效激发消费者参与互动的欲望，从而结合产品特点和消费心理，为消费者创造一种强调体验的品牌形象。

在进行品牌打造及运营的过程中突出差异化的体验，可以通过感性定位，以独有的品牌优势让消费者感受品牌的体验价值，增进品牌与消费者之间的关系，

带给消费者独一无二的体验，并给他们留下深刻的印象，提高品牌认知度。

（一）体验经济下的品牌定位策略

1. 以体验营销对接消费者的个性化需求

企业应该对消费者的品牌认知进行调查和分析。要想充分对接消费者，就应该了解消费者的个性化需求，依据感性定位实施精细化的用户管理，知晓消费者是如何进行品牌感知的，站在消费者的角度分析自身品牌所属的具体范畴，实现品牌概念的有效传递，拉近品牌与消费者之间的距离。

把握消费者的个性化需求与品牌认知方式之后，企业要据此打造专属的品牌体验，进行品牌定位，在这个过程中，企业要给消费者提供情景体验，提高消费者的黏性；要围绕消费者的需求与其展开沟通互动，提高营销效果。

2. 依据自身的竞争优势进行品牌定位

在发展体验式服务的过程中，企业需要对自身的性质、发展经历、产品及品牌特色、资源使用情况等进行分析，挖掘自身的优势，提供不同于其他竞争对手的独有体验，以差异化优势胜出；在优势缺乏的情况下，则可以针对品牌的市场缺口进行产品开发运营，通过这种方式扬长避短。

3. 打造代表品项，树立品牌定位

从消费者认知的角度分析，消费者往往更倾向于选择定位清晰的品牌，因此，企业在进行品牌定位时应该降低复杂性。为抢占消费者的心智，企业可以推出代表品项，通过这种方式提高消费者对品牌的认可度。

在向市场推出自己的品牌后，企业应该及时进行代表性品项的打造，通过这种方式明确定位，让消费者在看到某种产品后就能联想到自己的品牌。以可口可乐为例，该公司将可口可乐打造成自己的代表品项，并推出经典弧形瓶，在带给消费者独特视觉体验的同时，也加深了消费者对可口可乐品牌定位的认知；再比如，香奈儿推出了经典的 NO.5 香水，以独特的嗅觉体验明确自身的品牌定位。由此可见，通过打造代表品项为消费者提供差异化的体验，能够让消费者充分了解企业的品牌概念。

（二）体验经济下的品牌优化策略

在体验经济模式下，企业主要采取的品牌优化策略应该包括以下两方面。

1. 实施过程管理，实现品牌优化

管理体验全过程涉及体验营销的所有环节及流程，但企业应该将精力集中投放在以下三个环节上。企业只有注重对这几个环节的管理，才能达到品牌优化的目的。

（1）明确市场定位，挖掘消费者的需求；

（2）确立体验主，构建体验环境，开展体验活动；

（3）进一步提高消费者的满意度，优化体验服务。

2. 进行品牌延伸，实现品牌优化

在进行品牌延伸的过程中，企业要对消费者的需求变化进行分析与把握，据此调整体验过程。另外，在进行产品升级换代的同时，企业也要相应地改变体验内容，调动消费者重复参与体验的积极性。

二、消费者定位：精准锁定目标消费群

体验营销必须以准确的目标消费群体、清晰的消费场景、准确的获客为基础构建，如果定位不精准、场景不清晰、获客不准确，体验营销就无法构建。在当前的市场环境下，企业要想开展体验营销必须率先解决一些问题：比如，目标消费群体是谁？如何获取目标消费群体？如何与目标消费群体建立连接？如何对目标消费群体产生影响？如何高效地触及目标消费群体？

马斯洛的需求层次理论指出，当人们满足基本的生理性需求后，就会追求更高层次的心理与情感性的价值，如尊重、社交互动、自我实现等。从体验营销的角度看，商家应通过研究分析消费者需求实现精准的客户定位，从客户需求出发制定最佳的体验营销活动方案，为顾客创造良好的价值体验。

对于购买高档住宅的客户来说，他们追求的内容已经超越了单纯的居住需求，更多的是希望获取一种心理和情感上的满足，是将房产视为自我实现等价值的载体。因此，在针对这类人群的房产销售策略中，除了基本的价格因素外，商家更应做的是通过环境、布局、居住人群等的设计，搭建一种美好的未来家居生活场景，形成与客户情感的共鸣，从而获得客户的认同，实现销售目标。

同样，对某些客户群体而言，汽车也早已超越了代步工具的简单意义，成为一种移动生活空间和品质生活的象征，从而为人们创造了远超汽车产品本身的更多精神享受与价值体验。因此，体验营销对汽车销售意义重大，商家应突破汽车产品本身的范畴，以汽车和相关服务为载体为客户创造一种美好的移动生活体验场景，深度激发客户的心理情感共鸣，从而不仅实现汽车销售目标，更将客户培育为产品和品牌的忠诚粉丝。

进入体验经济时代，优质体验已经成为商品或服务吸引和留存消费者最重要的“法宝”。商品或服务能为消费者创造美好体验，使消费者觉得有价值，则消费者就越不会在价格等方面斤斤计较，购买商品或服务的可能性也就越大，甚至可能成为品牌粉丝。因此，企业在经营活动中要注重对消费者需求、行为、特质

等多方面信息的采集整理和研究分析，实现客户精准定位，从而有针对性地为客户提供优质体验。

在当前的市场环境下，顾客需求表现出极大的差异，他们的消费能力不同、消费诉求也有所不同。在此环境下，企业必须立足于满足不同消费者的体验需求，将这种需求与自身的经营能力相结合，对不同消费时期、不同消费能力的目标消费群体进行精准定位。只有这样，企业才能有针对性地打造商品与服务，吸引目标消费群体购买，充分地满足消费者需求。

三、产品定位：深度契合消费者需求

体验营销是以消费者为中心、从消费者需求出发的营销活动，因此，企业必须从产品研发设计阶段就充分考虑消费者多层次的心理诉求，在产品设计中融入更多情感因素，使产品特质与目标消费者的需求相契合。

也就是说，企业在进行产品研发设计时，不能再像以往那样只是考虑产品本身的质量和性能，也要积极从消费者需求出发在产品中融入品位、形象、情调、文化等更多元素，精心塑造符合消费者情感需求的产品，如此才能激发消费者的价值共鸣，获得消费者的认同，发挥体验营销应有的效果。

对任何营销活动来说，产品都是最根本的支撑，也是消费者在消费选择和决策时首先关注的内容。因此，企业只有提供优质优价的丰富产品，满足不同层次消费者的多元化、个性化需求，才能成功吸引和黏住消费者。

此外，在数字化技术不断发展和获得大范围应用的今天，越来越多的企业尝试采用免费模式做营销，这种商业模式的应用范围将在后续发展过程中不断拓宽，并可能成为企业体现自身竞争优势的有效方式。现阶段仍有很多企业因为缺乏足够的资源支撑而无法实施免费的体验营销。事实上，免费营销不是近几年才出现的，很多行业都采用过类似的模式。

通常情况下，经营者会在消费者最在意的服务项目上实施免费策略，转而从其他项目获取利润。举例来说，很多大型公园免费开放，但其中的很多游乐项目，比如过山车、摩天轮等都要收费，这种经营模式会吸引很多人到公园中消费。

贪图便宜是一种常见的心理现象，部分体验者在免费参与某项目后往往会认可企业的经营，并转而开始付费。因此，很多食品类企业推出试吃项目，目的就是将参与体验的人转化为自己的消费者。在这个过程中，企业会从消费者的角度出发进行思考，为消费者带来真正的价值。不过，在具体实施过程中要灵活采用各类经营模式，通过控制自身成本最终让利于消费者，并为企业提供多元化的选择。

从价格层面来看，企业经营的产品可分为两种，即低端产品与高端产品。低端产品主要走销量，为此，企业需尽量压低产品价格，从而吸引更多消费者。但在传统模式下，那些以低端产品为主的企业，产品结构往往比较单一，如果一味压低价格，利润空间就会变得狭窄，陷入发展困境；而如果企业只专注于高端产品的经营，则限制了消费者的门槛儿。针对上述问题，企业需要对产品结构进行调整，为免费体验模式的实施奠定基础。

在这方面做得比较成功的是腾讯，腾讯通过社交平台聚集了海量用户资源，据此推出诸多增值服务，引导用户付费获取，服务项目根据用户的能力进行了层级划分，能够为用户提供多元化的选择。正是因为从用户的角度考虑问题、进行产品运营，腾讯才能在竞争激烈的市场中积累大规模的用户基础。

此外，企业在进行产品定位的过程中，需要根据不同的产品制定有针对性的定位策略。

1. 全新型产品的上市

一款刚上市的全新型产品，由于目标群体对产品缺乏足够的认识，没有体验过类似的产品，出于对未知的恐惧心理，很多人可能不会主动购买，而是选择观望，待其他人试验过后，再决定是否购买。此时，企业为了缩短用户培育期，快速为新品打开市场，可以及时推出体验营销活动，让目标群体实际感受、体验产品，从而消除其疑惑与担忧。

免费试吃、试用等体验活动对用户颇具吸引力，如果能够邀请那些在目标群体心中具有较强影响力的意见领袖体验，并让其在社交媒体发布试吃、试用体验，往往能够产生良好的营销效果。

2. 具有鲜明卖点的改良新产品

市场中绝大部分新产品是对原有产品进行优化改良，而不是完全的创新，比如，增加了某种新功能等。虽然原有产品已经有一定的用户基础，但为了在较短时间内提高产品销量，防范竞争对手的同质化竞争，也应该通过体验营销让目标群体尽快了解新品，甚至成为新品的忠实用户。

3. 容易转变和培养消费习惯的老产品

当然，市场中还存在一些具备较高知名度的老产品，但其用户群体相对固定，如果没有有效的营销手段，则很难进一步扩大用户规模。而体验营销凭借参与感、互动性方面的优势，可以进一步提高现有用户的忠实度，吸引更多的新用户，提高企业的盈利能力。

四、三只松鼠："四位一体"的品牌定位

创建于 2012 年 2 月的三只松鼠，在发展初期是一家纯互联网食品企业，随着规模的迅速扩大，如今已成为食品电商企业中的翘楚。三只松鼠能够以新电商企

业的身份在成立之后迅速崛起，并最终走在行业的前端，有多方面的原因，而最关键的原因则是其有精准的品牌定位策略。

（一）顾客定位：聚焦年轻消费群体

三只松鼠开展体验营销的基础是精准的目标消费群体定位，它聚焦的目标消费群体是年轻、时尚、追求健康和生活品质的都市白领。

对这类消费者进行分析可发现以下五大特点。

（1）干果类产品的主要消费者，比较追求生活品质。

（2）生活方式基本上已经实现了互联网化。

（3）已养成线上购物习惯，消费过程从知道——产生兴趣——产生购买冲动——购买转变成搜索商品——甄别商品——体验商品——购买商品——评价商品——分享商品。

（4）对于这类消费者来说，新社群与新媒体会对其产生重要影响。

（5）这类消费者非常注重体验，体验需求是其非常重要的消费需求。

虽然精准的目标消费群体定位会让消费群体范围变得狭窄，但是三只松鼠定位的这类消费群体是线上购物的主力军。以这种消费群体定位为基础，三只松鼠从产品模式、营销模式、渠道模式出发全面提升消费体验：

三只松鼠的漫画形象、产品包装及客服都表现出青春、可爱的特点，成功地击中目标消费群体的萌点，让他们倍感亲切；三只松鼠为顾客提供了近乎完美的消费体验，使消费者的消费诉求得到极大满足。

借鉴三只松鼠的成功经验，在消费升级、需求分层的市场环境下，零售企业要想获取市场就必须做好目标消费群体定位，定位越精准，就越能吸引目标消费群体关注，越能有效地提升目标消费群体的消费体验。

（二）产品定位：以顾客为准则

三只松鼠的产品给顾客的印象可以归纳为三点：产品新鲜、加工适度、绿色天然。因此，产品定位会对产品营销效果产生很大的影响。

什么是产品定位？即企业在进行产品设计、开展产品营销时，采用一定的营销方式建立自身的产品形象，并提高顾客的认知度。在经济迅速发展的今天，顾客的需求也发生了变化，食品的质量、安全性成为顾客关注的重点因素。认识到这一点后，三只松鼠根据消费者的需求进行产品形象的打造，使自身的产品定位符合顾客的需求与偏好。

（三）价格定位：以品牌形象为标准

产品价格会对销售情况产生重要的影响。那么，三只松鼠是如何进行产品定价的呢？该公司在定价时会考虑哪些因素？总体而言，三只松鼠的定价策略包括两大阶段。

品牌建立的初始阶段，与其他同类品牌相比，三只松鼠的市场资源比较有限，品牌影响力也比较低，在这个阶段，产品定价低于同类产品。

发展阶段，三只松鼠的品牌知名度逐渐提高，产品定价接近市场平均水平。

发展成熟阶段，三只松鼠完成了品牌建设，在产品质量、服务质量、品牌方面都拥有一定的优势，采用高于同类品牌的水平进行价格定位。

（四）渠道定位：互联网销售为主

互联网营销作为一种市场营销费方式能够利用网络平台传递数字化的信息，与目标消费者进行互动，最终促成产品销售。在互联网及移动互联网时代，三只松鼠充分发挥了互联网平台的优势，使企业、市场、产品、消费者之间的连接能够突破时空因素的限制，以较低的成本实现高效的信息交换，在此基础上达到最终的交易目的。

面对激烈的市场竞争，不少企业对三只松鼠的经营实践进行了分析与探求，希望挖掘出该品牌的营销思路，对其成功经验进行总结，通过向三只松鼠学习提升自身的销售业绩。在这个过程中，企业要避免完全照搬三只松鼠的营销策略，而应该根据实际情况进行适当的调整，探索适合自己的发展道路。

第三节　数字经济时代下企业转型的体验至上

一、以消费者体验为中心

在市场竞争日益激烈的背景下，很多企业都会采取各种手段不断提高消费者满意度，以占据更多市场份额。然而，随着商品和服务的同质化越发严重，单纯满足物质性、功能性诉求的营销活动已很难长久吸引和黏住消费者，由此催生了一种全新的营销模式——体验营销。

体验营销充分体现了新常态下以人为本的营销理念，是从消费者的感官、情感、思维、行动等维度对营销活动进行重塑的一种全新的营销模式，意在深度挖掘目标受众的潜在消费欲望和多层次的消费诉求。体验营销以商品为载体，以服务为场域，围绕消费者的需求开展一系列交互活动，使消费者在良好的产品或服务体验以及愉悦的感受中形成对品牌和企业的信任与忠诚。

体验营销是对服务营销的优化升级，真正体现了以消费者为中心的价值理念，能够通过构建良好的场景与文化氛围，吸引消费者参与互动，深度激发他们的购买欲望，并在此过程中塑造品牌价值，建立消费者对品牌的强信任关系，培育品牌粉丝，帮助企业摆脱单纯价格战的恶性循环。

当消费者的物质需求逐渐得到满足后，自然会去追求更高层次的精神需求。回顾人类经济的发展历程，从最初的农业经济逐渐转变为工业经济，再到服务经济，如今正在向体验经济转变。在体验经济阶段，产品价格、功能等在消费决策中发挥的作用被弱化，精神体验变得尤为关键。在“90后”及“00后”这一新消费群体快速崛起的当下，能否满足消费者的情感与精神需求，已经成为决定企业营销推广能否取得预期效果的关键所在。

企业在营销实践中，推出了各种各样的体验营销活动，部分企业也取得了相当不错的效果，但整体上看，体验营销的发展与应用仍处于发展阶段，失败案例不计其数。而要想让体验营销能够像传统营销一样在企业的营销推广中发挥预期效果，还需要长期的积累与沉淀。

（一）营销理念滞后

毋庸置疑的是，要想充分发挥体验营销的真正作用，必须对体验营销背后的逻辑及理念有深入的认识，了解目标群体需要的是怎样的情感与精神体验，而不是用简单粗暴的价格战吸引消费者，一味沿用产品本位思维，而忽略消费者需求。

（二）企业与消费者间缺乏互动，消费者参与度较低

体验营销需要让消费者真正参与进来，积极互动分享，这样才能让消费者产生情感共鸣，甚至帮助企业进行口碑传播。在成功的体验营销实践案例中，积极参与互动的消费者成为企业营销内容的传播者，他们在自己的社交圈中分享产品及服务体验。毋庸置疑的是，这种基于信任关系的口碑传播能够为企业创造巨大的价值。

而很多企业开展体验营销时，往往仅局限于对消费者的视觉、触觉、听觉等浅层次感官需求的满足，无法让消费者产生情感共鸣，导致消费者缺乏参与感，从而难以达成预期的营销效果。

（三）体验营销存在认识误区

在很多企业看来，体验营销更多的是一种简单的营销手段，是在短时间内提高产品销量和品牌知名度的工具，而没有认识到体验营销应该是企业长期采用的一种发展战略，这就造成企业在策划体验营销活动时，缺乏前瞻性思维与战略性眼光，不但未能实现营销目标，而且造成严重的资源浪费。

二、体验营销的五大特征

体验营销是有别于传统营销的一种全新的营销思维与模式，是消费升级大背景下企业营销发展的必然趋势，具有个性化、情感化、连续性、互动性、主观性等特征。

（一）个性化

体验营销的关键是“体验”，即消费者对某种刺激产生的内在反应。由于每个人的成长经历、价值观念等都有所不同，因此，体验具有很强的个性化特质，即同一刺激下不同消费者常常会形成不同的体验。

基于此，企业必须高度重视消费者的个性特质，通过多种方式实现精准的定位，根据不同消费者的差异性需求提供最适宜的产品或服务。换句话说，企业要成功吸引消费者关注，实现与消费者的有效互动，必须从消费者需求出发，让他们拥有更多的自主选择权，能够获取与自身风格特质相契合的个性化的产品或服务，如此才能赢得消费者的好感与信任，达到营销目的。

（二）情感化

相关研究表明，人们消费决策的同时受到理性因素与感性因素的影响，人们一时情感冲动做出的购买行为与理性衡量后做出的购买行为具有同等的概率，这就要求企业不仅要注重理性因素，也要肯定感性因素在促发消费者购买行为中的重要价值。

从这个角度来看，体验营销具有情感化的特征。企业在开展体验营销时，不仅要向消费者介绍商品或服务信息，更重要的是通过与消费者持续深度的情感交流，创造一种舒适愉悦的心理情感体验，满足消费者深层次的情感诉求，从而与他们建立情感连接与信任关系，激发消费者的购买行为。

（三）连续性

体验营销具有连续性的特点，即消费者获得某种体验感知后，这种体验感知并不会随着营销活动的结束立刻消失，而是具有一定的延续性，会持续对消费者产生影响，甚至消费者可以通过对参与体验过程的重新回顾和评价获取新的感受，从而促进消费者的重复消费行为。

比如，消费者在某家理发店获得了很好的理发体验，则这种体验感知在理发结束后仍会一直留在心中，从而促使其在下次需要理发时同样到这家店获取服务。

（四）互动性

体验营销的关键是消费者的体验，但很多体验又是看不见、摸不着的，企业很难准确把握消费者的感受，这时与消费者的交流互动就显得十分必要，因此，体验营销具有互动性的特征。在消费者处于主导地位、价值创造从生产端转向消费端的买方市场中，体验营销本质上是一种文化营销，是顺应消费升级趋势、满足消费者更高层次情感等精神价值诉求的全新营销思维与模式。

体验营销以消费者为中心，以满足消费者多层次、个性化的体验需求为出发点和落脚点，因此，为了全面准确把握消费者深层次的心理情感需求，企业必须与消费者建立交互关系，通过消费者参与互动以及与消费者的持续沟通实现全面精准的需求定位，从而提供更有针对性的产品或服务，充分满足消费者多层次、个性化的价值体验。

体验是企业与消费者共同参与互动的结果，消费者在体验营销活动中既是体验的接受者和享受者，也是体验的参与者和创造者。体验营销的这种互动性特征将产品或服务的消费过程转变为一种更具吸引力的创造过程。

体验营销是将体验作为有价值的商品呈现给消费者，通过满足消费者多层次、个性化的心理诉求让他们对品牌形成认同与信任，并逐渐与品牌建立强情感连接，将品牌视为一种情感寄托，并最终成为品牌的忠实粉丝。因此，企业在营销活动中应积极设计和搭建能为消费者带来良好体验的场景和环境氛围，借助体验营销的互动性与消费者建立情感连接，从而影响消费者的消费选择与购买决策。

（五）主观性

体验营销的落脚点是通过消费者亲身参与互动让他们对产品或品牌形成良好的印象，具有主观性的特点，即不同个体对同一体验过程的感受常常有所差异，表现出较强的个体主观性。

因此，体验营销的关键是通过多种方式让消费者主动参与产品或服务的设计、生产与消费过程，给他们形成良好的个人感受和体验，并基于这种体验建立对品牌的认同、信任和忠诚，最终使企业不仅实现产品销售的目标，还能获得高忠诚度的粉丝客户。

三、体验营销的应用场景

随着市场参与主体的逐渐增多，各细分市场已经趋于饱和，而其中的企业不仅面临产品、服务同质化的挑战，营销同质化问题也十分突出。如果企业普遍采用降价促销的营销方式，一味地打价格战，不仅会导致自身盈利能力严重下滑，更有可能破坏产业生态。

传统营销方式尤其注重达成交易结果，习惯用较强的诱导性内容让消费者购买，却忽视了营销的体验感，导致消费者体验不佳，使得消费者对广告营销存在严重的抵触心理。而在越来越多的零售企业陷入同质化竞争与价格战泥潭的背景下，零售从业者思考如何让目标群体在营销过程中获得更高层次的情感与精神需求满足，用极致体验促成转化，甚至让用户主动在社交圈内进行口碑传播是十分有必要的。这种情况下，体验营销模式自然就成为企业营销的宠儿，并将引领新一轮营销革命。

虽然很多企业的营销活动具有一定的体验营销特性，然而这种体验仅是简单地让消费者的视觉、听觉、触觉等感官体验需求得到满足，而不能在精神与情感方面对消费者产生影响，导致很难达成预期的营销效果。

体验营销的关键并非新技术或工具的运用，而是思维模式与营销理念的创新。体验营销强调以消费者需求为中心，在影响目标群体的多个节点采用同一主题，并实施营销策略，让消费者受到持续性刺激。在不同的购物场景中，企业均可以采用体验营销。

（一）百货

百货业已经是一个相当成熟的行业，主要分布在城市的繁华商圈中，如今有相当多的商家仍在采用传统的以降价促销为主的营销模式。实际上，在百货业中也不乏一些体验营销的实践案例，但由于商家并没有采用同一主题设计系列营销活动增强用户体验，不能使消费者认可品牌所提倡的生活方式、消费理念、文化内涵等。

（二）超市

近年来，超市业的竞争十分激烈，银座、家乐福、沃尔玛、上海华联等诸多超市品牌都在为拓展自身的市场份额而不断加大投资力度。从定位来看，超市为消费者提供的主要是大众消费品，品类齐全、价格优惠是超市的主要优势，所以，在营销推广时，国内超市主要就是在宣传单上使用“打折”“积分兑奖”“全城最低”等方式吸引消费者，未能摆脱价格战的思维模式。

在消费者体验角度，超市业为目标群体创造的体验与百货业并无本质区别，营销主题也主要是围绕节假日展开。大部分超市并未与消费者搭建双向沟通的渠道，仅向消费者传递营销信息，以宣传单的形式告诉消费者什么商品处于打折状态。虽然部分超市品牌会通过微信、微博等渠道与消费者沟通交流，分析消费者的购物需求等，但其目的是宣传某些品类的降价促销，很难真正发挥体验营销的巨大价值。

（三）专卖店/品牌店

精准的目标群体定位、精心设计的门店布局、具有明确文化内涵与价值主张的品牌等，都使得专卖店在开展体验营销活动时具有先天优势。在中国零售市场中，以宜家、星巴克、无印良品为代表的海外品牌商在体验营销方面的实践值得我们借鉴。以星巴克为例，其致力于为消费者打造自由、社交化的第三空间，使得消费者在门店中能够体验品味生活、享受人生的文化理念。

很多品牌商虽然在门店内为消费者提供了优质的商品与服务，满足了消费者的个性化需求，但在体验方面却存在较大短板，不仅营销场景中的灯光、背景音乐、产品陈列等不能突出主题，也没能让消费者产生认同感与归属感的品牌内涵，对服务人员的培训也缺乏足够的重视，而这些都会导致体验营销效果大打折扣。

（四）购物中心

在周边配套方面，购物中心比上述几种零售业态更为完善，与当前快速崛起的泛娱乐产业具有较高的契合度。在购物中心，消费者不仅可以购买商品，还能获得观影、餐饮、娱乐等诸多服务，这对于企业开展体验营销具有十分积极的作用。

部分国内购物中心的商业布局经过精心设计，使用国际通用的零售52%、餐饮18%、娱乐20%的比例招募品牌商，以让消费者在购物的同时，获得更多的乐趣。在购物环境和主题互动活动等方面，购物中心确实具有较强的领先优势，但消费者获得良好体验不能简单地依赖硬件，还需要氛围、文化理念、情感元素等软件的支撑，而后者正是国内购物中心的一大短板。

四、体验营销的落地实践

（一）深入挖掘体验营销理念

在实施体验营销活动时，企业应该真正掌握消费者的情感与精神需求，针对不同类型的产品，采用差异化的营销方案。

竞争壁垒较低的产品，需要将概念营销和体验营销相结合。

竞争壁垒较高且目标群体缺乏足够了解的新品，可以通过让消费者免费试用的方式快速打开市场。

有较高知名度的产品，企业可以用认同感、归属感等情感体验赢得消费者认可。

服务类产品，可以通过塑造定制场景让消费者获得前所未有的极致体验。

（二）树立消费者导向的全面体验营销观念

消费者体验是消费者在一个完整的消费过程中获得的一系列感受，要想让消费者产生有利于企业的体验，需要对营销活动的各个细节进行精心设计。

树立消费者导向的全面体验营销观念，是对营销细节进行把控的重要基础，它强调企业能够从消费者需求出发，思考如何通过体验营销活动为消费者创造价值，引导消费者积极进行交流分享，在提高消费者满意度的同时，达成预期的营销目标。

（三）制定体验营销战略，实现体验营销立体化

战略规划决定企业的长期发展方向，体验营销是企业战略体系中的一项重要组成部分。企业需要对体验营销战略的制定给予高度关注，通过体验营销时间的持续化与空间的系统化，实现体验营销的立体化。

比如，在时间维度上，不仅要确保体验营销的单次体验，更要追求体验的长期稳定性，通过同主题的系列体验营销活动，强化消费者感知，确保达成预期营销效果。

（四）实现体验营销的网络化

移动互联网、物联网、人工智能等新一代信息技术的快速发展，为企业更好地开展体验营销活动奠定了坚实基础。借助智能手机、可穿戴设备等硬件设备，辅以 AR/VR 等技术打造的软件系统，能够让消费者获得前所未有的极致体验，在消费者心中留下深刻印象。网络化的体验营销也将打破时间与空间的限制，持续性地刺激并引导消费需求，从而给企业带来更高的利润回报。

（五）实施营销的组合策略

实施营销的组合策略可以帮助企业利用多个触点提高用户体验。

品牌。企业可以提炼品牌文化内涵与价值主张，在满足用户心理需求的同时，提高产品的溢价能力。

价格制定。可以让用户参与价格制定，在确保盈利的前提下，为用户提供符合其心理预期的价格区间。

销售。通过为用户提供新品免费试用、参观企业总部等奖励，吸引用户向朋友圈的好友推荐。

（六）体验式营销的实施步骤

虽然消费者在体验营销活动中获得的是一个整体体验，但各个环节都会对整体体验产生影响。为了确保最终的营销效果，企业需要从消费者需求心理角度考量，

真正了解消费者需求，并制订设计营销方案。具体来看，体验营销的实施步骤包括以下几步。

1. 设定体验目标

在策划体验活动前，企业应该对体验活动有一个整体的规划，确定体验营销要达成的体验目标，给目标群体创造何种价值，产生怎样的营销效果等。在目标的指引下，后续工作才能得以顺利开展。

2. 目标消费者定位

目标消费者定位的精准性，直接决定体验营销能否取得预期效果。在消费持续升级的背景下，人们的购物消费变得越发个性化，如果不能精准定位目标群体，很难为其带来良好体验，更不用说促使其主动进行口碑传播了。

传统工业时代，在对目标消费者定位时，企业通常是借助发布调查问卷或直接根据产品开发人员的经验。而进入移动互联网时代后，自媒体的崛起以及各类垂直 App 应用的大量涌现，使企业能够更为精准地获取顾客数据，从而实现对目标消费者的精准定位。在实践中，营销从业者需要积极借助新技术与新工具，提高消费者定位的精准性，确保精准推送营销内容。

3. 确定体验环境

体验环境无疑会对体验效果产生关键影响，在不同的环境下，人们对同样的营销内容产生的感受是有所不同的。为了确保达成预期体验目标，企业需要思考消费者应处于何种体验环境，并结合这种体验环境制定营销方案。

4. 让目标消费者进行体验

目标消费者实际体验时，体验的不仅是产品，更包括服务，营销人员的耐心讲解、真诚沟通等细节会发挥十分关键的作用。当然，有些体验营销活动是将产品通过快递到消费者家中，让消费者自己体验，此时，企业可以为消费者提供产品使用详细说明或拍摄使用流程短视频，以便消费者获得更好的产品体验。

5. 体验效果评估与控制

体验效果评估与控制是体验营销活动非常重要的环节。由于消费者体验的复杂性，体验营销活动刚实施时，可能存在一些问题，为了及时解决这些问题，就要进行体验效果评估与控制，使企业能够对体验营销活动进行不断优化调整，达成促进转化甚至是实现口碑传播的预期营销效果。

此外，在实施体验营销活动时，营销人员还需要注意以下四点：

（1）真正做到以消费者为中心，围绕消费者需求开展体验营销活动。

（2）使营销内容和营销目标保持一致，控制营销内容的规模及体验环节的复杂性，优化目标消费者体验。

（3）制订备用方案，遇到突发状况时，及时启动备用方案。

（4）控制营销成本，不能因为营销活动而影响企业的正常运营。

五、体验营销案例分析

随着我国对外开放水平的不断提高，越来越多的海外零售企业涌入中国市场，凭借先进的经营理念和营销模式迅速站稳脚跟，不断抢占更多市场份额，从而对国内零售企业造成了巨大的冲击和挑战。同时，很多国外零售企业也已经或正准备利用全新的体验营销策略进一步增强零售经营能力，不断优化整体消费体验，提高消费者满意度和忠诚度。

面对日益惨烈的零售市场竞争和海外零售企业的强力挑战，我国零售企业也在积极探索更合理有效的经营管理策略，如学习借鉴国外先进零售巨头的细节管理方法，通过细节管理为顾客提供更贴心、更人性化、更个性的服务，借此获取更大效益。

在消费升级和体验经济盛行的大环境下，体验营销已经逐渐成为吸引和留存消费者、获取更大效益的营销利器，自然也受到我国零售企业的高度关注和青睐。然而，体验营销作为一种全新的营销思维与模式，能够真正对其合理有效运用的国内零售企业还不多。

以家居零售巨头宜家为例，分析企业应如何有效运用体验营销策略，从而为我国零售企业开展体验营销提供借鉴和启发。

首先，成功的体验营销活动离不开优秀管理的支持。企业管理到位，就能够为消费者参与体验营销活动提供各种便利，如节约时间，优化消费者的整体购物体验。比如，宜家在全球各个分公司的一项主要工作就是通过良好的管理系统和机制，将宜家卖场打造成一部自主运转的高效销售机器，为每一个消费者参与体验提供最大程度的便利，让消费者获得舒适愉悦的购物体验。

宜家只用了短短 60 年时间便迅速成长为全球家具家居零售巨头，不仅构建出领先对手的核心竞争优势，还依托独特的体验消费模式成功抵挡住电子商务的巨大冲击和挑战，当前已在全球几十个国家和地区开设了 300 多家卖场。

国内很多家具卖场一般不允许消费者体验产品，与此不同，宜家工作人员会鼓励消费者去接触、试用和体验商场中的各类产品，让消费者切实感受产品的高质量，从而在良好的试用体验中有效激发消费者的购买欲望。

这种鼓励消费者试用的背后体现的是宜家对自身产品质量的高度自信：宜家所有的家具家居产品都是经过严格的质量测试的，达到国际标准后才进入商场售卖，其中最吸引人的是宜家模拟真实生活使用场景对产品进行的破坏性测试。以橱柜为例，从进入卖场开始就会接受测试机的测试，橱柜的柜门和抽屉会不停开关，旁边的数码计数器则向消费者显示柜门和抽屉可以承受的开关次数。

破坏性测试向消费者充分展示了产品的经久耐用性，使宜家产品在消费者心中留下设计精美和品质过硬的良好印象。当然这也对产品品质提出了更高的要求，否则消费者在试用体验过程中产品出现损坏，反而会破坏宜家塑造的优质优价的品牌形象。

此外，宜家商场不仅会向消费者提供商品的全方面信息，帮助消费者做出更合理的购买决策，还设置了儿童乐园等配套设施，当消费者有需求时可以暂时将孩子交给专门人员照看，以便可以更好地在宜家卖场购物。此外，宜家还提供送货上门和免费退换货服务，如果消费者对所买的宜家产品不满意，60 天内都可以进行退换。

随着零售市场竞争越发激烈以及体验消费时代的到来，零售企业必须转变以往的营销思维与模式，积极培育以消费者体验为中心的体验营销思维，及时准确把握消费升级背景下的市场需求变化，并结合自身产品特质采取合理的体验营销策略，充分满足消费者多层次、个性化的体验诉求，获得消费者的认同、信任与忠诚，从而为后续的各种商业化动作奠定坚实的客户基础，拓展更大的价值想象空间。

从本质上来说，企业在经营产品或服务的过程中，从消费者的立场出发对自身运营进行调整，并致力于为消费者提供满意的消费体验，即为体验经济。尽管消费者的消费能力不同，但从精神层面的角度分析，所有消费者都应该获得相差无几的体验，满足自身的情感需求。宜家之所以能够从众多家具企业中脱颖而出，就是因为大多数家具企业聚焦于产品本身，而宜家专注于消费者的消费体验。在具体经营过程中，宜家还会从消费者的角度考虑问题，根据消费者房间的大小、整体风格及布局为其提供产品购买意见。

因此，在家居行业中，采用体验营销战略的终端企业在产品推广环节需突破传统思维模式，根据目标消费者的家庭组成、所属行业等因素，并结合家居用品的风格设计、保养方法等，在宣传海报中体现自己的创新思维，引起消费者的情感共鸣，通过为消费者提供独特的体验提高产品销量，并促使用户自发参与产品与品牌推广过程，从而带动企业的发展。

第四节　数字经济时代下企业转型的口碑制胜

一、策划口碑传播的引爆点

引爆点，即产品能够引发用户尖叫、吸引人们广泛关注的卖点。由于引爆点对于品牌口碑的塑造具有极为重要的价值，所以，营销人员首先需要策划引爆点。

在策划引爆点方面，小米公司的做法值得国内企业借鉴。

通过进行产业链重构，创业初期的小米将手机的性价比做到了极致，从而快速积累了一批种子用户，帮助品牌实现了大规模的传播推广。

在硬件方面，小米采用了与苹果相同的供应商提供的硬件，经过市场主流跑分软件的测试，当时小米的表现甚至在某些方面超过了苹果。当然，小米吸引用户的并非跑分软件的测试分数，最为关键的在于其超高的性价比，接地气的价格让学生及刚上班的白领都可以轻易购买。

通过抓住软硬件配置、性价比这两大引爆点，小米使自身的品牌知名度快速提升，并沉淀了一批忠实粉丝。近几年，小米在市场中的表现有所下滑，除了华为、魅族、vivo 等竞争对手对市场份额的争夺外，因为产品质量等问题导致口碑下降也是一个不容忽视的因素。

那么，如何才能创造一个吸引外界广泛关注的引爆点呢？企业推出引爆点的目的是吸引用户，所以，设计引爆点也要基于用户需求展开，对用户想要什么、通过什么渠道获取、在什么时间获取等都要进行深入分析。在策划引爆点时，企业可以从以下几个角度进行。

（一）学会“讲故事”

硬性广告很容易引起人们的反感，但那些经典的产品或品牌故事却能够流传几十年甚至上百年，所以，营销人员不妨考虑用品牌故事作为引爆点。在做好产品功能及品质的基础上，配合引人入胜的传奇故事，往往能够塑造具有极高美誉度的优秀品牌。

故事是充实口碑最好的材料，企业、品牌在发展的过程中总会出现很多经典故事，这些故事能有效增强品牌的说服力，让品牌的口碑种子更加充实、饱满。利用这些故事开展口碑传播，能有效提升企业及品牌的美誉度。品牌故事彰显了企业对产品质量的重视程度，能够成为人们口耳相传的佳话，因此，借这些故事开展口碑营销必能取得极好的效果。

（二）真诚的情感

事实上，深受儒家文化影响的中国消费者，很容易被真诚的情感所打动。如果企业能够在服务消费者的过程中，让消费者感受到温暖、重视、尊重等，很容易激发他们的购买及传播欲望。因为当我们接受他人的帮助和关怀后，为了消除内心的愧疚感，我们会尝试给予他人回报。

在国内家电产品质量饱受质疑时，海尔创始人张瑞敏通过砸冰箱震撼了消费者，让消费者对海尔产品质量有了足够的信心；当海底捞的消费者想要打包带走几块西瓜时，门店负责人让服务员免费送给消费者一个完整的西瓜。诸如此类的企业行为怎能不让消费者感动？怎能不让他们主动进行口碑传播呢？

（三）给消费者真正的实惠

在交易过程中，不仅是企业想要实现价值最大化，消费者亦是如此。如果能够满足消费者的利益诉求，帮助他们降低购物成本，让他们获得更为完善的售后服务等，自然会赢得消费者的认可与信任。

京东能够在亚马逊等海内外电商巨头的冲击下存活下来，除了可靠的品质保障外，便捷高效的物流体验，送货上门、上门维修等售后服务也给消费者带来了良好的购物体验，在平台的发展中扮演了十分关键的角色。

二、口碑传播的内容设计

企业的营销内容要想吸引人们的关注及传播，本身应该有一定的话题性，口碑营销也是如此，所以，在实施口碑营销过程中，首先需要对营销内容进行系统而完善的设计。实践证明，结合以下几点要素的营销内容往往能带来良好的传播效果。

（一）借势

就像风口上的猪都能起飞一般，结合热点的营销内容也非常有利于传播推广，很多富有想象力与创造力的营销人员甚至能够利用竞争对手实现口碑传播。

美国一家小型唱片公司因为涉嫌侵犯著作权而遭到行业巨头起诉，在短时间内受到了广泛关注。该公司营销人员发现这次事件对公司也是一个很好的营销机遇，于是该公司雇了专业律师跟行业巨头对簿公堂，并召开新闻发布会对此次事件进行广泛传播。虽然前两次企业皆以败诉告终，但该公司坚持上诉，维护自身及持有该作品版权的音乐人的权益，最终双方达成诉讼外和解。

通过借势，这家小型唱片公司获得了广泛关注，不但得到消费者的认可，很多音乐创作者也因为该公司对创作者权益的重视而放心地将自己的作品交给其运营。

在饮料巨头可口可乐面前，百事可乐在发展初期也遇到了一系列阻碍。在竞争的过程中，可口可乐曾讽刺百事可乐没有底蕴、缺少历史与文化，并利用多种营销手段向消费者传递可口可乐品牌的“老”，以衬托百事可乐的“新”。毋庸置疑的是，这种营销手段确实能够让消费者认识到可口可乐是一个更值得信赖的饮料品牌。对处于初创阶段的百事可乐而言，采用大规模的广告跟可口可乐正面对抗并非明智之举，百事可乐的市场运营团队经过深入分析，决定从可口可乐的“老”和百事可乐的“新”的对比中入手，为百事可乐打造广受消费者认可的品牌。

百事可乐在广告内容中使用了“新一代的可乐，新一代的选择”的口号，将自己的品牌和时尚潮流的年轻群体结合起来，可口可乐开展的营销活动反而使百事可乐的"新"更为显著，使更加强调个性的年轻消费者更倾向于成为百事可乐的忠实粉丝。

（二）利益

人们在日常生活中明显会更加关注那些与切身利益相关的事物，所以，如果企业的营销内容能够跟目标群体的利益相结合，自然容易实现大范围的传播推广。

美国某家食品制造商为了应对同质化的竞争对手，推出免费派送活动吸引人们的关注，这种做法确实为该企业赢得了大量消费者，但也被竞争对手举报为不当竞争。在监管部门的调查中，由于此前这家公司免费为消费者派送食品的做法在广大消费者心中树立了良好形象，得到消费者的广泛支持，很多消费者在媒体上声援该企业，甚至部分消费者组织上街游行，以抗议监管部门的调查活动。

虽然最后监管部门下令该食品制造商不得再推出免费派送活动，但该企业已经成功地提高了自身的品牌知名度与影响力，赢得了一批忠实用户。

（三）新颖

口碑营销需要让营销内容在短时间内实现大范围推广，而为了确保消费者能够认可营销内容，必须对营销内容进行创新，以便与竞争对手实现差异化竞争。自媒体时代，信息规模以几何倍数保持快速增长，人们对传统广告已经产生了严重的视听疲劳，只有富有新意的内容才能吸引人们的关注及传播。

海尔总裁张瑞敏砸冰箱在当时引发了国内消费者的广泛热议，在消费者心中留下了海尔产品质量过硬的良好印象，虽然此后还有很多企业采用类似的营销手段，却难以达成预期效果，这是因为在新生事物层出不穷的当下，人们对缺乏新意的营销方式丧失了兴趣。

买赠结合是零售业常见的营销策略，但因为同质化问题，这种营销策略的促销效果也越来越差。然而在几个世纪前，早期的买赠结合策略为企业创造了巨大价值。

例如，16 世纪的英国某小镇葡萄大丰收，产量比平均水平高出 57%，但丰收对当地的果农并非一件好事，因为需求量相对有限，这种大丰收导致葡萄价格非常低，而且因为交通不便、运输效率低下等，大量的葡萄只能烂在果园里。为了解决这一问题，一个葡萄种植大户从外地购入了一批苹果，然后推出了购买葡萄可以免费获得苹果的促销活动。

因为产量较低，苹果在当时的英国属于一种奢侈品，再加上该小镇距离苹果产地较远，运输成本较高，苹果价格更是居高不下。在推出买葡萄送苹果的促销活动后，因为苹果的稀缺性，很快在小镇居民间实现了口碑传播，这个种植大户的葡萄几天就被抢购一空，获取了相当可观的利润，与其他农户的严重亏损形成了强烈对比。

三、选择合适的传播渠道

企业要塑造品牌口碑，仅有引爆点是完全不够的，还需要合适的传播渠道。口碑营销需要通过人们在社交圈内的传播分享实现扩散，但由于不同的用户群体习惯使用的媒体、聚集的网络社区、传播信息的方式等也有所不同，比如，很多老年人仍习惯使用报纸、广播、电视获取信息，所以，营销人员在策划口碑营销时，应该分析目标群体的个性化需求，根据目标群体的特性选择合适的传播渠道，比如，对于老年人群体，传统媒体渠道效果更佳。

具体来看，口碑营销采用的主流传播方式包括以下三种。

（一）口耳相传

传统媒体时代，口碑传播主要就是利用人们在各种线下场景中的口耳相传。

在春秋时期，齐国人郑耳开了一家郑氏客栈，这个店主心地善良，对那些落难的人及时伸出援助之手，不但想办法为没钱住店的人提供住宿，而且还为他们提供路费，这种做法使客栈有了极高的美誉度，不但被齐国民众了解，周边列国都知道这家客栈的存在，因此，即便在淡季，该客栈的生意也异常火爆。

如今，口耳相传仍不失为一种有效的传播方式，比如，美国波士顿的某家诊所没有像同行业竞争对手一般在报纸、杂志、互联网等各种媒体上大规模投放广告，而是为那些因为经济能力不足而未能在其他医院中得到救治的病人提供医疗服务，病人可以根据自己的经济情况支付医药费。不过，诊所给这些病人提出的额外条件是，每周要真诚地向四个人推荐这家诊所。

刚开始时，大量贫穷的病人集中涌入，诊所收入明显下滑，接连几个月处于亏损状态。然而半年后，很多人慕名而来，政府官员及社会名流也多次在公众场合为这家充满爱心的诊所站台，由此不但使这家诊所获得了丰厚的利润，也在广大民众心中建立了强大的品牌影响力。

当然，能够让营销内容实现口耳相传，还需要以可靠的产品及服务为保障，让消费者获得良好的购物体验。与此同时，结合为传播者提供小礼品、代金券等物质奖励提高他们的积极性，能够进一步确保营销内容实现快速传播。

（二）传统媒体传播

虽然如今电视、报纸、杂志等传统媒体的影响力被极大削弱，但对很多中老年群体而言，传统媒体仍是获取信息资讯的有效途径。此外，结合对目标用户的分析而进行的广告投放，比如，投放在《中国好声音》《奔跑吧兄弟》等热门综艺节目上的品牌广告，也往往能够取得不错的传播效果。

为了取得良好的营销效果，企业在传统媒体平台进行传播时还可以采取具有创意的营销策略。

某地一家大型购物中心制作了两套厚重的盔甲，并招募能够穿上这种盔甲的人员，如果满足相关条件，将获得20万元的年薪，招聘信息被发布在网络后，迅速吸引了多家媒体的关注，多名记者前往现场拍摄照片并采访负责人。虽然也有一些应聘者，但因为盔甲对身体条件的诸多限制，最终也没有人成功应聘。但这种做法使购物中心的知名度得到大幅提升，使商家仅用不足千元的成本就取得了此前投入几十万元都无法取得的营销效果。

（三）新媒体传播

作为移动互联网时代的主流传播业态，新媒体传播在企业营销推广中扮演的角色非常关键。因为大量的年轻人更热衷于聚集在各种网络社区，在意见领袖的引导下，交流分享社群成员感兴趣的信息。

所以，企业在通过网络传播营销内容时，可以尝试与意见领袖合作，邀请意见领袖免费体验产品及服务，并在社群中分享产品体验，从而引发社群成员的传播及购买。

四、口碑舆情的实时监测

所谓口碑监测，指的是在发布了营销内容后，对传播情况、用户口碑等进行观察，以确定最终能否取得预期营销效果。口碑监测的侧重点包括两大类：其一是数据，比如，统计点击量、评论量、转载量等指标；其二是舆论走向，营销内容在传播过程中，如果不加干涉，可能因为负面信息泛滥（出现这类情况的因素包括信息不对称、竞争对手的恶意中伤等），给企业形象带来严重的负面影响。

在面对负面舆论时，企业不妨借鉴以下思路：

（1）如果负面舆情来自竞争对手的恶意攻击，那么企业必须及时通过官网、官方微博等途径发声，让消费者了解真实情况。

（2）如果负面舆情是因为信息不对称造成的误解，比如，产品加工工厂的卫生问题，那么企业要在第一时间内向消费者说明情况，在不泄露商业机密的情况下，甚至可以使用视频直播消除误解。

（3）如果负面舆情是因为企业自身的原因导致产品质量出现问题或服务体验不佳，企业首先要承认自己的错误，并承担这些问题带来的后果；与此同时，要制定有效的解决方案，并邀请广大用户监督。

在实施口碑营销的过程中，企业还需要对以下三点给予高度重视。

（1）引爆点是一种外力，必须做好产品和服务。做好产品和服务是形成良性口碑的关键所在，国际市场的顶级品牌之所以能够基业长青，并非因为善于运用各种营销手段吸引消费者关注，优秀的产品及服务才是企业长期生存的根基。海尔的“砸冰箱事件”之所以成为引爆点，也是由于海尔的产品质量过硬才能让人们持续关注，否则不但可能无法形成良性口碑，还会导致负面舆论泛滥，加速企业灭亡。

（2）口碑要与品牌结合。能够将品牌融入优秀的创意及服务中，才能让企业通过口碑营销获得较高的商业价值。如果消费者获得了超乎预期的极致服务，却不知道这种服务是什么品牌提供的，无疑意味着企业营销的失败。

（3）切忌胡编乱造引爆点。在竞争异常激烈的市场中，部分企业为了博人眼球而无所不用其极，甚至通过欺骗消费者吸引关注和流量。

企业应该明白的是，进入移动互联网时代，信息传播渠道垄断的局面已经被打破。以前，企业欺骗消费者可能很难被发现，如今，消费者能够通过各种媒体渠道实时获取相关信息，企业编造的虚假信息很容易被识破。同时，即便通过欺骗消费者实现销量增长及品牌知名度提升，这种发展模式也难以为继，在消费者主导的新消费时代，丧失消费者信任的企业只能走向灭亡。

参 考 文 献

[1] 克莱顿·克里斯坦森．创新者的窘境 [M]．胡建桥，译．北京：中信出版社，2014

[2] 尤尔根梅菲特，沙莎．从 1 到 N：企业数字化生存指南 [M]．上海：上海交通大学出版社，2018．

[3] 三谷宏治．商业模式全史 [M]．马云雷，杜君林，译．南京：江苏凤凰文艺出版社，2015．

[4] 张磊．价值：我对投资的思考 [M]．杭州：浙江教育出版社，2020．

[5] 查尔斯·汉迪．第二曲线：跨越“S 型曲线”的二次增长 [M]．苗青，译．北京：机械工业出版社，2017．

[6] 刘继承．数字化转型 2．0 数字经济时代传统企业的进化之路 [M]．北京：机械工业出版社，2022．

[7] 安筱鹏．重构：数字化转型的逻辑 [M]．北京：电子工业出版社，2019．

[8] 李庆丰．商业模式与战略共舞 [M]．北京：北京时代华文书局，2020．

[9] 科特．领导变革 [M]．徐中译．北京：机械工业出版社，2014．

[10] 魏炜，朱武祥．发现商业模式 [M]．北京：机械工业出版社，2011．

[11] 鲍舟波．未来已来：数字化时代的商业模式创新 [M]．北京：中信出版社，2018．

[12] 余静宜．数字化转型数字经济重塑企业创新优势 [M]．北京：中国铁道出版社有限公司，2021．

[13] 顾颐，张海红．决战数字化运营：策略与实战 [M]．北京：电子工业出版社，2018．

[14] 马晓东．数字化转型方法论：落地路径与数据中台 [M]．北京：机械工业出版社，2021．

[15] 陈新宇，罗家鹰，邓通，等．中台战略：中台建设与数字商业 [M]．北京：机械工业出版社，2019．

[16] 姚建明．企业数字化转型 [M]．北京：清华大学出版社，2022．
[17] 罗伯逊，布林．乐高：创新者的世界 [M]．田琴华，译．北京：中信出版社，2014．
[18] 蔺雷，吴家喜．内创业革命 [M]．2 版．北京：机械工业出版社，2020．
[19] 斯坦利麦克里斯特尔．赋能：打造应对不确定性的敏捷团队 [M]．林爽耕，译．北京：中信出版社，2017．
[20] 黄天文．引爆用户增长 [M]．北京：机械工业出版社，2018．